일상의 **마음챙김**

긍정심리

일상의 마음챙김 + 긍정심리

초판인쇄	2018년 2월 25일
초판발행	2018년 2월 26일

지은이	김정호
펴낸이	김재광
펴낸곳	솔과학
디자인	이수정(sujoung71@hanmail.net)
출판등록	제 10-140호 1997년 2월 22일
주소	서울시 마포구 독막길 295, 302호(염리동 삼부골든타워)
e-mail	solkwahak@hanmail.net
대표전화	02)714-8655
팩스	02)711-4656

ISBN	979-11-87124-35-1

Mindfulness+Positive Psychology In Everyday Life

일상의 마음챙김 긍정심리

김정호 저

솔과학

들어가는 글

명상, 마음챙김, 긍정심리는 마음의 기술이다. 꾸준히 실천해서 숙달하면 마음에 대한 이해를 깊게 해주고 마음을 다루는 전략을 향상시켜준다. 결과적으로 정서지능과 회복탄력성을 높여주어 스트레스를 감소시키고 웰빙을 증진시켜준다.

이 책은 여러 작은 글들로 마음챙김, 명상, 긍정심리 등의 이해와 실천에 도움이 되는 내용을 담았다. 조금씩 중복되는 듯이 보이는 부분도 있을 수 있지만, 전체적인 모습을 이해하는 데는 그것이 더 도움이 될 것이다. 북한산 전체의 모습을 이해하기 위해서는, 비슷하게 보이는 모습이 있더라도 다양한 조망에서 바라본 모습과 각 계절마다 다른 모습을 제시하는 것이 좋은 것처럼.

마음챙김은 명상과 함께 배우고 익히는 경우가 많다. 명상은 우리의 마음을 쉬게 해준다. 높은 경쟁의 압박감 속에 이런저런 욕구와 생각으로 맘 편할 날 없는 것이 우리 평범한 사람들의 일상이다. 명상은 감각에 마음을 열고 마음에 감각을 들여옴으로써 욕구와 생각을 내려놓고 쉴 수 있게 해준다. 스트레스 많은 현대인의 스트레스 해소에 도움이 된다.

마음챙김은 나를 객관적으로 볼 수 있게 해준다. 우리는 많은 스트레스와 고통이 외부로부터 온다고 믿는 경향이 있다. 절반은 맞다. 그러나 절반은 그르다. 적어도 스트레스와 고통의 절반은 나로부터 온다. 외부환경도 내가 선택하는 것이고, 주어진 상황에서의 경험도 그 상황과 관련된 나의 욕구와 생각에 많은 영향을 받는다. 나의 욕구와 생각이 내가 놓여있는 환경을 선택하고 주어진 상황을 해석하는데도 크게 관여한다. 마음챙김은 나를 바로 봄으로써 고통의 원인 역할을 하는 불건강한 욕구와 생각을 내려놓는데 도움을 준다.

마음챙김은 고통과 스트레스를 관리하는데 도움이 될 뿐만 아니라 나 자신에 대한 이해도 깊어지게 해준다. 이러한 긍정적 변화는 정서를 이해하고 관리하는 정서지능을 높이는데 많은 도움이 된다. 나의 이해의 증진은 대인관계에서 다른 사람에 대한 이해도를 높여주어 대인관계 스트레스를 감소시키고 관계에서의 만족을 증진시켜준다.

긍정심리는 욕구와 생각을 운용하는 방법을 제공하며 건강한 욕구와 생각을 개발하도록 도와준다. 이이제이(以夷制夷), 이열치열(以熱治熱)이라고 했다. 욕구와 생각으로 고통 받기도 하지만 욕구와 생각을 통해 오히려 고통으로부터 벗어날 수 있고 오히려 행복을 늘릴 수 있다. 욕구와 생각의 변화는 주어진 상황에 대한 해석을 변화시킴으로써 스트레스를 관리하고 웰빙의 증진에 기여한다. 또한 긍정심리는 건강한 욕구와 생각을 실현시킴으로써 웰빙을 증진시켜주고 결과적으로 스트레스도 감소시켜준다.

우리 주변에는 삶에 도움이 되는 좋은 책들이 많다. 실제로 구입해서 읽기도 한다. 페이스북이나 카톡 등 SNS를 통해서도 삶에 통찰을 주는 좋은 글들을 자주 접한다. 그러나 그만큼 우리의 삶이 행복해지고 성장했는지는 잘 모르겠다. 혹시 우리는 눈으로만 배우는 것에 중독된 것은 아닐까?

배우는 것은 좋은 일이다. 지적 호기심을 충족시키는 즐거움이 있다. 그러나 배운 것을 실제 생활에서 적용하지 않는다면 그 유익함은 거기서 그칠 것이다. 수영에 대한 책만 수십 권을 읽어도 실제로 물에 들어가지 않는다면 수영을 배울 수는 없다. 아무리 다이어트에 관한 이론과 실천법을 배운다고 해도 실제로 실천이 없다면 다이어트의 유익함은 얻을 수 없다.

명상, 마음챙김, 긍정심리는 마음의 기술이라고 했다. 수영이나 자전거 타는 기술처럼 기술이다. 수영에 대한 책을 아무리 읽어도 실제로 물에 가서 연습하지 않으면 수영을 배울 수 없다. 이 책은 명상, 마음챙김, 긍정심리의 마음기술에 관한 책이다. 하나라도 실천해야 배울 수 있다. 아무리 맛있는 음식도 먹어야 맛있고, 아무리 멋진 곳도 가봐야 좋다.

Contents
차례

제1부

●●●

명상과 마음챙김

명상이란?

명상이란 쉬는 것이다.

무엇을 쉬는가?

욕구·생각을 쉬는 것이다.

욕구·생각은 어떻게 쉬는가?

욕구·생각은 안 하려고 하면 더 떠오르지 않는가?

하얀 북극곰을 생각하지 말라고 하면 더 떠오르는 것처럼.

명상이란 감각과 친해지는 것이다.

보고, 듣고, 냄새 맡고, 맛보고, 감촉을 느끼는 감각과 친해지는 것이다.

감각과 친해지면 욕구·생각이 쉬어진다.

우리의 주의자원은 제한되어 있기 때문에 감각에 주의를 보내면 욕구·생각으로는 가는 주의는 줄어들 수밖에 없다.

제로-썸(zero-sum) 관계다.

감각에 주의를 보내게 될수록 욕구·생각은 잦아들고 마음은 평화로워진다.

누군가와 친해지고자 할 때 우리는 먼저 관심과 호기심을 갖게 된다.

마찬가지로 감각과 친해지기 위해서는 감각에 관심과 호기심을 가지고 대하는 것이 도움이 된다.

명상은 가부좌를 틀고 앉아야만 할 수 있는 것이 아니다.

일상생활에서 오감으로 들어오는 감각에 주의를 보내며 깨어있다면 명상을 하고 있는 것이다.

걷고, 음식을 먹고, 설거지를 하고, 샤워를 하고, 차를 마시고 등등 일상의 행위 가운데 감각에 주의를 보내며 깨어 있으면 명상을 하고 있는 것이다.

명상을 위한 시간을 따로 내지 않아도 생활 속에 자연스럽게 명상을 할 수 있다.

몸을 사용하는 일을 한다면 일 자체에 집중하는 것이 명상이다.

사무직 일이나 공부를 한다면 생각을 사용하니 명상이라고 할 수는 없다.

그렇지만 과거의 후회나 원망, 미래의 걱정 등을 섞지 않고 온전히 일이나 공부에만 집중한다면 몰입의 즐거움이 있을 것이다.

사무직 일이나 공부를 많이 하는 경우에는 머리를 쉬기 위해서도 일상의 행위 가운데 감각과 친해지는 것이 필요하다.

짬짬이 욕구·생각을 내려놓고 온전히 쉬도록 한다.

지금·여기에서 경험되는 감각에 열려있도록 한다.

내 몸과 친해지는 것도 명상이다.

내 몸은 늘 나와 함께 있고 감각을 제공하고 있다.

주변에 특별한 감각이 없어도 내 몸에 주의를 보내면 각 부위에서 감각을 느낄 수 있다.

내 몸의 각 부위에 관심을 가지고 바라보는 것만으로도 몸과 연결되며 친해진다.

내 몸에 관심을 가지고 바라보는 것은 나에 대한 관찰이기도 해서 마음챙김과 통하게 된다.

호흡과 친해지는 것도 명상이다.
살아있는 한 내 몸은 한시도 쉬지 않고 늘 호흡을 한다.
호흡은 매순간 내 몸에 감각의 변화를 일으킨다.
내 몸이 늘 하고 있는 일, 호흡과 친해지는 것도 명상이다.
내 몸이 하는 호흡에 관심을 가지고 바라보는 것은 나에 대한
관찰이기도 해서 마음챙김과 통하게 된다.

요컨대
명상은 쉬는 것이고
감각과 친해지는 것이고
내 몸과 친해지는 것이며
호흡과 친해지는 것이다.

친해진다는 것은 분리되거나 단절되지 않고 접속되고 연결
되는 것이다.
감각과 친해질 때 지금·여기와 접속되고 연결된다.
내 몸과 접속되고 연결된다.
내 호흡과 접속되고 연결된다.

명상: 감각의 시공간 적분

(1)

의식의 공간을 감각으로 채움.

시간의 흐름 속에 감각을 채워나감.

어떤 감각이든 차곡차곡 의식의 공간에 채워간다.

외부감각, 몸 감각으로 의식공간을 채워간다.

(2)

감각으로 의식의 공간을 채우고(감각의 공간적 적분)

그 상태를 매순간 이어간다(감각의 시간적 적분).

명상의 또 다른 핵심: 지속

명상의 핵심으로 '쉰다'를 얘기했다.
쉰다는 것은 욕구·생각을 쉰다는 것이고
명상은 감각과 친해지는 것이라고 했다.
또 다른 핵심이 있다.
그것은 바로 '지속'이다.
감각이 마음의 공간, 즉 의식공간에서 쭉 지속하는 것이 필요하다.

평소에 이런저런 스트레스가 진행하고 있고 앞서 경험한 스트레스가 잔류해 있어서 의식공간을 잠식하고 있다.
감각에 주의를 보내도 이것들이 의식공간을 잠식하고 있기 때문에 의식공간을 감각으로 채우기 위해서는 감각에 주의를 보내는 것이 지속되어야 한다.

명상의 안내 멘트를 포함하는 안내명상의 녹음파일을 들으며 명상하는 것이 도움이 될 수 있다.
왜냐하면 안내하는 말이 의식공간에서 진행 스트레스나 잔류 스트레스를 내보내는 역할을 할 수 있기 때문이다.

(1) 집중형 명상

볼펜 하나를 보더라도 볼펜의 모습을 놓치지 않고 마음의 공간에서 계속 유지하는 것이다.

주의집중의 대상이 하나의 점이라도 상관없다. 의식공간이 그 대상, 즉 그 대상의 감각으로 채워진 상태가 계속 유지되어야 한다.

(2) 개방형 명상

집중의 대상이 하나일 필요가 없다. 집중의 대상은 자유롭게 변화할 수 있다. 중요한 것은 주의집중의 대상이 변하더라도 주의집중의 대상은 다름 아닌 감각이어야 한다. 대상이 변하더라도 마음의 공간에는 늘 감각만이 지속되도록 한다.

렛잇비(let-it-be)

호흡 명상 할 때는 호흡에만 집중하듯이 공부할 때는 오직 공부에만 집중한다.

명상할 때 잡념이 나타나면 렛잇비(let-it-be, 내버려둠)의 기술을 적용한다.

렛잇비는 마음을 어지럽히는 대상에 대해 쫓아가지도 않고 쫓아내지도 않는 제3의 길, '음, 그래'의 태도다.

렛잇비는 싸우지 않는 전략, 그래서 결국 싸우지 않고 이기는 전략이다.

렛잇비는 마음의 공간에 집중의 대상이 아닌 것들이 나타날 때 그것을 알아차리고 그것과 싸우지 않고 단지 집중의 대상에 좀 더 주의를 보내는 삶의 기술(life skill)이다.

명상을 통해 렛잇비의 기술을 연마하듯이 공부를 하면서도 렛잇비의 기술을 연마할 수 있다.

공부를 할 때 이런 저런 불안이나 걱정의 잡념이 나타나면 렛잇비 하며 단지 공부에 좀 더 주의를 준다.

공부에 방해된다고 잡념을 몰아내려고 하면 더 많은 주의를 잡념에 빼앗기게 되어 결과적으로 공부에 대한 주의집중은 더욱 줄어들게 된다.
부정(잡념)에 초점을 두기보다 긍정(집중의 대상)에 초점을 두는 것이다.

이와 같이 해서 공부도 하고 렛잇비라는 삶의 기술도 양성하는 일석이조(一石二鳥)의 유익함을 얻을 수 있다.
나아가 공부뿐만 아니라 인간관계 등 일상의 많은 상황에서 렛잇비의 기술을 연마할 수 있다.

무심도인(無心道人)

쉰다!
아무런 생각도 안 해도 된다.
아무 것도 안 해도 된다.
나는 할 일 없는 사람이다.
이런 자세로 명상에 임한다.

집중명상 vs. 마음챙김

걷기 명상: 걷기를 하면서 동시에 걷기에 집중하려는 의도(걷기에 따른 감각에 주의를 보내고 감각을 느끼기를 놓치지 않으려는 의도)는 있으나 마음챙김의 의도는 없다.

vs.

걷기 마음챙김명상: 걷기 명상을 하면서 동시에 내가 지금 무엇을 하고 있는지 알아차리려는 의도가 있다. 걷기 명상이 익숙해지면 자연스럽게 걷기 마음챙김명상으로 갈 수 있다. 걷기 명상에 익숙해지기 전에 마음챙김을 하게 되면 걷기에 따른 감각은 덜 충분하게 느끼면서 자신이 걷고 있음을 자각하게 된다.

Ⅱ. 마음챙김

마음챙김과 명상은 다르다

일반적으로 마음챙김이라고 하면 명상이라고 알고 있는 경우가 많다. 마음챙김은 명상으로 수행하기도 하지만 명상과는 구분되는 개념이다.

명상은 욕구·생각을 쉬는 것이다. 그러기 위해 혹은 그럼으로써 감각에 마음이 열리고 감각과 친해지는 것이다. 마음이 감각으로 채워질 때 욕구·생각은 쉬어진다. 욕구·생각이 쉬어질 때 우리는 평화로움을 경험한다. 명상은 욕구·생각을 쉬는 기술이다 마음챙김은 명상을 하면서도 수행할 수 있지만 욕구·생각을 사용하는 일상생활에서도 적용하며 수행한다. 마음챙김은 나를 있는 그대로 보는 것이다. 내가 경험하는 것들과 내가 하는 것들을 있는 그대로 관찰한다. 마음챙김은 나를 대상화하고 객관화하는 능력이고 기술이다.

마음챙김은 쉽지 않은 기술이다. 특히 일상생활을 하는 가운데 마음챙김을 적용하고 수행하기는 어렵다. 따라서 마음챙김은 명상과 함께 수행하는 경우가 많다. 고요한 마음 상태에서 스스로를 바라보는 마음챙김을 수행하는 것이다.

있는 그대로 바라봄

(1)

멈추고 바라봄.

명상은 욕구·생각을 멈추는 기술이다. 문득 쉬는 기술이다.

마음챙김은 아무 것도 개입시키지 않고 있는 그대로 바라보는 기술이다.

(2)

빨간 불 신호등 앞.

초록 불로 바뀌기를 기다리는 마음.

문득 멈춘다.

그냥 그뿐.

그저 드러나는 감각세계.

고요한 마음 하나.

침묵하고 깨어있음

명상이란
말없이 침묵함.
속으로도 침묵함.
이것이 욕구·생각의 쉼, 멈춤.
이때 감각의 세계가 드러난다.

마음챙김이란
깨어있음이고 자각이다.
내가 무엇을 하고 있는 줄 아는 것이다.
깨어서 자각함이 되는 것이다.
'깨어서 자각하는 나'가 되는 것이다.

마음챙김명상은
침묵하고 깨어있을 때 무엇을 경험하고 있는 줄 아는 것이고
내가 무엇을 하고 있는 줄 아는 것이다.

아침에 깨어 잠시 침대에 앉아 있다.

내 마음, 내 의식공간에 이러이러한 감각들이, 몸이, 사물들이 존재함을 안다.

내가 이러이러한 감각들을, 몸을, 사물들을 인식하고 있음을 안다.

마음챙김명상: 좋은 엄마의 태도

(1)

아이를 다그치지 않고 가만히 기다려줌.

요즘 적지 않은 엄마들이 좋은 엄마가 아니다.

아이들에 대한 사랑이 왜곡된 모습을 보이고 있다.

아이를 일방적으로 자신의 욕구, 생각으로만 몰아간다.

(2)

침묵

간섭하지 않음

오직 지켜보는 자

마음챙김: 한 마음 동일시

모든 것이 내 마음 안에 들어있다!

산도, 들도, 강도, 바다도, 지구도, 은하계도, 온 우주도 내 마음 안에 들어있다!

그 큰 마음, 한 마음과 동일시한다!

마음에서 일어난 감정이 즉시 콩알만 해진다.

모든 것이 나의 현현(顯現)

모든 것이 나다.
모든 것이 나의 현현(顯現)이다.
나 아닌 것이 어떻게 인식될 수 있는가!
존재와 인식은 둘이 아니다.

왼손, 오른손 피아노 연주

한편으로는 명상의 대상에 주의를 집중한다.

호흡 마음챙김명상을 할 때는 호흡의 행위에, 호흡의 감각에 주의를 보낸다(bare attention).

호흡감각을 경험하게 된다.

또 다른 한편으로는 내가 주의를 보냄으로써 만들어지는 경험에 주의를 보낸다(meta-attention).

앉아서 호흡하고 있음이, 특정한 호흡감각을 경험하고 있음이 자각된다.

이것은 마치 왼손과 오른손으로 피아노를 연주하는 것과 같이 주의를 잘 나눠서 사용하는 것이다.

감각과 친해지기 vs. 알아차림

명상.
명상은 마음을 쉬는 것이다.
욕구·생각이 쉴 때 마음이 쉴 수 있다.
욕구·생각을 쉬는 제일 좋은 방법은 감각과 친해지는 것이다.
명상은 감각과 친해지는 연습이다.
명상시간은 감각과 놀다오는 시간이다.

몸 명상.
몸 명상은 몸과 친해지는 것이다.
몸 명상은 몸의 감각과 친해지는 것이다.
몸 명상시간은 몸의 감각과 놀다오는 시간이다.

호흡 명상.
호흡 명상은 호흡과 친해지는 것이다.
호흡 명상은 호흡 감각과 친해지는 것이다.
호흡 명상시간은 호흡 감각과 놀다오는 시간이다.

마음챙김.

마음챙김은 나를 있는 그대로 보는 것이다.

판단을 내려놓고 떨어져서 나를 보는 것이다.

마음챙김은 고요히 침묵하고 나를 지켜보는 것이다.

마음챙김명상.

마음챙김명상은 명상을 하며 마음챙김하는 것이다.

마음챙김명상은 온전히 휴식하며 나의 존재를 자각하는 것이다.

마음챙김명상은 나를 있는 그대로 떨어져서 바라보는 힘을 기르는 연습이다.

몸 마음챙김명상.

몸 마음챙김명상은 몸 명상을 하며 나를 느끼는 것이다.

몸 마음챙김명상은 몸 명상을 하며 내가 어떤 상태이고 무엇을 하고 있는지 분명하게 알아차리는 것이다.

호흡 마음챙김명상.

호흡 마음챙김명상은 호흡 명상을 하며 나를 느끼는 것이다.

호흡 마음챙김명상은 호흡 명상을 하며 내가 어떤 상태이고 무엇을 하고 있는지 분명하게 알아차리는 것이다.

불안 마음챙김

마음이 불안할 때 마음챙김으로 마음이 불안함을 알아차림.
이때 마음이 어떻게 불안한지 나를 잘 마음챙김으로 관찰함.
그러면 몸을 보게 되는데 몸이 호흡하는 것을 바라보게 됨.

호흡을 바라보면 호흡이 고요해진다.
평소에 호흡명상을 하는 경우라면 더욱 쉽게 호흡이 고요해
진다.
평소에 호흡명상을 익혀두는 것은 유용하다.
호흡을 관찰하는 방식으로 호흡명상을 하면 호흡 마음챙김
명상으로 볼 수 있다.
미시마음챙김이 이루어진다.
한편으로는 불안한 마음에 대한 인내력이 증가한다.

'이게 뭐지?!'

영점-나, 노바디-나, 에브리바디-나.

감각의 세계.

그런 상태에 있는 나를 자각함.

이게 나구나.

또

느껴지는 감각에 대한 어떤 호기심.

'이게 뭐지?!'

'도대체 느껴지는 이 감각이 무엇인가?!'

주의를 어디에 두고 있는가?!

어느 분이 손가락을 다쳤다.

너무 아파 잠이 오지 않았다.

문득 손가락의 아픔을 관찰했다.

관찰해보니 똑같이 아픈 것이 아니다.

매우 욱신거리는가 하면 그냥 얼얼하기도 하다.

관찰해보니 계속 아픈 것이 아니다.

아픔과 아픔 사이에 덜 아픔도 있고 아프지 않음도 있다.

손가락을 다쳐서 아프다는 생각이 매우 욱신거리는 아픔에 계속 주의를 보낸 것이다.

이렇게 아는 것만으로도 아픔은 경감된다.

여기서 주의를 덜 아픔에 보내면 아픔은 더 적게 경험된다.

나는 수영을 좋아한다.

어느 날 오랜 만에 수영장에서 수영을 하는데 어느 순간 물이 무섭게 느껴졌다.

물속이어서 숨을 쉴 수가 없다는 생각이 들었다.

시실은 내 얼굴은 물속에만 짐겨있지 않았다.

자유형으로 수영을 하고 있었기 때문에 얼굴은 숨을 쉬기 위해 물밖으로도 나온다.

얼굴은 물속과 물밖을 교대로 들락날락 하고 있는 것이다.

물속, 물밖, 물속, 물밖, …

그런데 물이 무섭게 느껴진 것은 내 주의가 물속에 꽂혀있었기 때문이다.

내 의식에서 나는 계속 물속에만 있는 것이다.

물속, 물속, 물속, 물속, …

시험 삼아 주의를 얼굴이 물밖에 나오는 시점에 두어보았다.

숨을 쉬기 위해 고개를 돌려 얼굴을 수면 밖으로 내밀 때 물안경 너머로 보이는 밖의 광경에 주의를 보냈다.

수영장 밖의 사람들과 창문 밖의 풍경이 눈에 들어왔다.

물밖의 장면에 주의 보내기를 계속하자 내 의식에는 물밖의 장면이 연속해서 이어지기 시작했다.

물밖, 물밖, 물밖, 물밖, …

이와 함께 물에 대한 두려움이 사라지고 다시 편안하게 수영을 할 수 있었다.

주의를 물속에 두면 내 의식에서 나는 계속 물속에 있는 것이다.

물속, 물속, 물속, 물속, ...

주의를 물밖에 두면 내 의식에서 나는 계속 물밖에 있는 것
이다.

물밖, 물밖, 물밖, 물밖, ...

나의 주의가 나의 경험을 만든다.

나는 평소에 주의를 어디에 두고 있는가.

주의훈련

현대사회.

여기저기서 우리의 주의를 끌어가려고 한다.

광고의 홍수.

하루에 얼마나 많은 광고를 볼까?

스마트폰에도 광고,

TV에도 광고,

지하철과 버스에도 광고,

에스컬레이터 옆에도 광고,

엘리베이터에도 광고,

어디가나 광고다.

상품을 파는 기업만이 광고를 하는 것이 아니다.

정치도 광고를 한다.

정부도 광고를 한다.

다 필요하다고 한다.

깨어있지 않으면 우리의 마음은 온통 광고로 채워진다.

그 어느 때보다 주의훈련이 필요한 때다.

명상과 마음챙김을 통한 주의훈련이 필요한 때다.

무위(無爲, Non-Doing)를 통한 긍정적 변화

마음챙김은 나에 대한 '관찰'이다. 어떤 행위를 더하는 것이 아니라 단지 바라보는 것이기 때문에 '하지 않음'이라고 할 수 있다. 그런데 이러한 하지 않음이 변화를 가져온다. 그것도 긍정적 변화를 가져온다.

우리는 일반적으로 어떤 현상에 변화를 가져오려면 행위를 더해야 하는 것으로 생각한다. 뭔가를 고치려면(fix) 뭔가를 해야 한다고 믿는다. 그러나 우리의 행위가 반드시 긍정적 변화를 가져오는 것은 아니다. 오히려 고치려는 시도가 더 큰 부정적 결과를 가져오는 경우도 많다. 이런 행위는 차라리 하지 않는 것이 돕는 것이다.

우리가 매일 하는 행위 중에 적지 않은 부분이 부정적 습관의 반복이다. 게임 중독이나 알콜 중독, 혹은 스마트폰 중독처럼 개인적인 행위뿐만 아니라 사람들과의 상호작용에서 부적절하게 반응하는 관계적 행위에서도 부적절한 행위를 볼 수 있다. 이러한 행위는 할수록 강력해지고 그에 따른 부정석 영향은 커지고 만성화된다. 이런 부정적 영향으로부터 벗어나는 길은 우선 그런 부정적 행위를 하지 않는 것이다.

어떤 행위를 하지 않는다고 해서 행위를 하게 만드는 상태나 현상을 부정하거나 억지로 누르는 것은 바람직하지 않다. 그런 경우에는 북극곰 효과에서 설명한 것처럼 더욱 강력해질 뿐이다. 마음챙김은 쫓아가지도 않지만 쫓아내지도 않는다. 단지 바라볼 뿐이다. 그 현상을, 그 상태를 인정하고 받아들이고 바라보는 것이다. 있는 그대로 바라보는 것이다. 쫓아가지도, 쫓아내지도 않는 제3의 길이다.

마음이 왠지 외로울 때 습관적으로 먹는 행위를 하는 경우가 있다. 배가 고파서 먹는 것이 아니다. 고프다면 배가 아니라 마음이 고파서 먹는 것이다. 이때, 외로움이 느껴질 때 바로 멈춰야 한다. 그리고 관찰해야 한다. 낱낱이 관찰해야 한다. 외로움이 몸의 어디서 어떻게 느껴지는지 세밀하게 관찰해야 한다. 외로움은 분명이 나에게서 일어나는 현상이다. 몸과 마음에서 경험되는 현상이다. 바깥의 책상이나 노트북에서 일어나는 현상이 아니다. 외로움을 보려면 나를 봐야 한다. 내 몸을 봐야 한다. 외로움과 함께 나타나는 욕구와 생각을 있는 그대로 봐야 한다. 동시에 내가 외로워하고 있구나,

하고 '외로움의 나'로부터 떨어져서, 즉 '외로움의 나'와 탈동일시해서 '외로움의 나'를 볼 수 있어야 한다.

마음챙김은 단지 바라봄이다. 함이 아니라 하지 않음이다. 실제로는 하지 않음의 함이다. 즉, 무위지위(無爲之爲, Doing of Non-Doing)다. 마음챙김은 하지 않음의 함을 통해 우리에게 긍정적 변화를 가져온다. 하지 않음을 한다는 것은 쉬운 일이 아니다. 그동안 습관적으로 해오던 행위를 하지 않는다는 것은 매우 강력한 함이다. 상당히 많은 노력과 훈련을 필요로 한다.

탈동일시, 탈조건화

프랑스의 정신분석가 자크 라캉(Jacques Lacan, 1901~1981)은 이렇게 말했다: '인간은 타자의 욕망을 욕망한다.' 내가 바라는 것, 즉 욕망, 욕구, 동기 등으로 불리는 것은 많은 부분이 본래부터 내게 있었다기보다 외부세계에서 주입된 것들이다.

어디 내가 바라는 것뿐인가. 내가 생각하는 것, 즉 판단, 평가, 가치관, 의미 등으로 불리는 것들도 대부분 밖으로부터 주입된 것들이다. 이렇게 볼 때 이런 말도 할 수 있다: '인간은 타자의 생각으로 생각한다.'

내가 바라는 것, 내가 생각하는 것이 갈등을 가져오고 고통을 일으킨다면 다시 돌아보는 것이 필요할 것이다. 그중에 이제는 벗어나고 싶은 것들이 있을 것이다. 그것들로부터 벗어나고자 한다면 우선 그것들이 나타날 때 습관적인 반응을 멈추고 다만 있는 그대로 바라볼 수 있어야 한다. 즉, 마음챙김 할 수 있어야 한다. 마음챙김 할 때 일어나는 욕구나 생각으로부터 탈동일시 할 수 있고, 감각, 욕구, 생각, 감정, 신체적 반응,

행동 등의 특정한 연합으로부터 탈조건화 할 수 있다. 기계적, 습관적, 자동적, 무의식적 욕구와 생각의 굴레로부터 자유로워지는 것이다.

마음챙김은 욕구·생각이 일어날 때 반응하지 않고 단지 지켜본다. 욕구·생각이 일어날 때 반응하지 않고 단지 지켜봄으로써 그것들로부터 탈동일시할 수 있고 그것들의 지배로부터 벗어나게 된다.

초연한 나

마음챙김을 할 때 나는 평소에 내가 아는 나(마음의 내용으로서의 나)로부터 벗어나게 된다. 즉, 탈동일시하게 된다.

이때의 나를 마음챙김의 나라고 한다면 그 나는 초연한 나다.

예를 들어 화가 났을 때 화를 바라보게 되면 그 순간 나는 화로부터, 화의 나로부터 벗어나 초연한 나의 자리에 있게 된다.

초연한 나, 마음챙김의 나.

마음챙김과 '나'

우리가 갖고 있는 '나'라는 생각은 일종의 해석이다.
나의 마음에서 경험되는 현상에 대한 해석이다.
마음챙김은 이런 해석을 멈추고 내 마음의 현상을 있는 그대로 바라보는 것이다.

존재감의 자각

언제 어디서나 무엇을 할 때나 기본적인 존재감의 자각.

영점-나(zero-I)의 존재감에 대한 자각.

더 바랄 것이 없다.

지금 이대로 온전하게 깨어있을 뿐 이런 저런 욕구·생각이 붙지 않는다.

늘 자족(自足)상태.

말없이 단지 존재함.

그 존재함을 성성하게 알아차림.

모두 나

소리감각이든, 호흡감각이든 여기 있다.
이런 저런 감각들이 여기 있다.
몸의 감각도 있다.
가끔 생각이 일어나면 생각도 여기 있다.
그저 이런 저런 의식들이 있을 뿐.
나는 없다.
내가 있다면 모두가 나다.

마음챙김은 지속이 어렵다

마음챙김은 어려운 것이 아니다.

앉아 있으면 앉아 있는 줄 알고 걷고 있으면 걷고 있는 줄 아
는 것이다.

그뿐이다.

내가 어떤 상태에 있는지, 몸과 말과 뜻으로 어떤 행위를 하
고 있는지를 잘 알고 있는 것이다.

그뿐이다.

다만 그것을 놓치지 않고 지속하는 것이 어려울 뿐이다.

나누어 봄

욕구는 욕구로

생각은 생각으로

감정은 감성으로

감각은 감각으로

내 마음의 사건들로 돌린다.

내가 경험하는 모든 경험을 각각의 자리로 보낸다.

그러면

나는 누구인가?!

나는 어디에 있는가?!

이 경험들은 어디서 나타나고 사라지는가?!

떨어져봄

'알아차림'은 마음챙김의 중요한 특징이다.

그러나 알아차림만 있고 '떨어져봄'이 없으면 알아차림이 긍정적으로 기능하지 못할 수 있다.

특히 자신의 부정적이거나 불편한 상태에 대해 알아차림은 있으나 떨어져봄이 없으면 자신을 비난하거나 더 좌절할 수 있다,

혹은 빠져나오려고 시도하는 것이 저항이 되어 더 고통스러울 수도 있다.

떨어져봄이 되려면 알아차림이 순간으로 끝나지 않고 지속되어야 한다.

있는 그대로 보는 알아차림이 지속하면 떨어져봄이 지속되고 받아들임이 수반하게 된다.

예를 들어, 답답함을 느낀다면 답답함이 어디에 어떻게 있는지, 답답함 속에 있지 말고 답답함을 본다.

도망가려고 하지 않는다. 역설적이게도 도망가려고 한다는

것은 바로 자신이 답답함 속에 있다는 것이다!

답답함으로부터 도망가려고 하지 않고 답답해하는 나를 보게 되면 오히려 나 자신은 답답함에서 벗어나 있게 된다.

답답함 속에 있는 나, 도망가려는 나와의 동일시에서 벗어나 떨어져보는 나와 동일시하게 된다.

불편함 마음챙김

좀 더 철저하게 마음챙김!

수행적 관점에서 마음챙김은 나에 대한 철저한 객관화, 대상화다!

다만 호기심을 가지고 나를 구경한다.

특히 의식공간에 불편함이 나타날 때 바로 그때 좋은 기회인 줄 알고 잘 관찰한다.

마치 지구에 처음 온 목성인 과학자처럼 호기심을 가지고 관찰한다.

피하거나 고치려고 하지 않는다.

저녁 후 배의 불편감.

낱낱이 관찰!

얼마나 좋은 기회인가!

역설적이게도 그러면 불편함이 사라진다!

마음 하이잭킹

마음챙김의 지켜봄.

감정이 마음을 하이잭킹(highjacking) 하도록 놔두지 않는다.

정신분석과 마음챙김: 새로운 나의 양성

정신분석가는 마치 마음챙김을 수행하듯이 내담자의 얘기를 불편부당하게 듣기 위해 주의훈련을 한다.

정신분석가는 그러한 훈련을 통해 불편부당하게 듣는 새로운 나를 양성하는 것이다.

마음챙김은 내 마음의 얘기를 있는 그대로 들어주는 주의훈련이다.

마음챙김 훈련을 통해 나 자신을 있는 그대로 바라보는 나를 양성하는 것이다.

마음챙김의 내공

마음챙김이 무엇인지 이해하는 것은 어렵지 않다.
그러나 마음챙김을 구사하는 능력을 갖추는 것은 쉽지 않다.
'나를 있는 그대로 본다'는 말을 이해하는 것은 쉽다.
그러나 나를 있는 그대로 볼 줄 알기 위해서는 많은 내공이
쌓여야 한다.

인내심 키우기(1)

명상을 하다가 혹은 평소에 가려움을 경험할 때 자동적으로 긁기 전에 가려움을 알아차리고 그곳에 주의를 보내고 가려움을 떨어져서 있는 그대로 관찰한다.

알아차림의 공간 속에 가려움을 품어보자.

가려워서 죽은 사람은 없으니 정 가려워서 죽을 것 같이 느껴지기 전까지는 한 번 가려움을 있는 그대로 바라보자.

그 과정에서 가려움에 대한 인내심뿐만 아니라 여러 가지 불편함에 대한 인내심이 증진될 것이다.

통증, 더위, 추위 등에 대해서도 마찬가지다.

마음챙김은 인내심, 똘레랑스(Tolerance)의 양성 훈련이다.

인내심 키우기(2)

마음챙김은 단지 알아차림만이 아니라 지속적으로 지켜봄이다.

지속적으로 지켜본다는 섯은 받아들임의 내공, 인내심(tolerance)이 높아진다는 것이다.

스스로 차차 해답이 나온다.

그냥 질문에게 답을 맡기는 것도 한 방법이고

나름 비교를 하며 적절한 방법을 찾는 것도 한 방법이다.

다만 해결되지 않은 상태에 대해 받아들이고 인내심을 가지고 생활을 살아가는 것이다.

인내심을 가지고 생활하면 된다.

달과 지구, 지구와 태양의 거리처럼 최적의 거리

마음챙김은 순수한 상위주의(bare meta-attention)다.

마음챙김은 마음'에서' 세상을 보는 것이 아니라 세상을 보는 마음'을' 보는 것이기 때문에 상위주의다.

또한 이런저런 판단과 평가를 쉬고 바라보기 때문에 순수한 주의다.

무언가를 보기 위해서는 거리가 필요하다.

거리 없이는 볼 수 없다.

마음을 보기 위해서도 거리가 필요하다.

보는 마음과 보이는 마음 간의 거리는 적절해야 한다.

너무 가깝거나 너무 멀어도 초점이 잡히지 않아 흐릿하게 보인다.

적절한 거리에서 마음의 구성요소인 욕구(동기), 생각(인지), 감정(정서), 감각을 있는 그대로 바라보는 것이 마음챙김이다.

마음의 구성요소와 거리를 만들지 못할 때 욕구, 생각, 감정, 감각에 매몰되어 그것들과 동일시하며 그 속에서 허우적거

린다.

그렇다고 거리가 너무 벌어지면 이인화 혹은 해리의 병리적 현상에서처럼 욕구, 생각, 감정, 감각을 제대로 느끼지 못한다.

보는 마음과 보이는 마음 간의 거리는 적절해야 한다.

욕구, 생각, 감정, 감각은 버려야 되는 것이 아니라 잘 알고 잘 굴려야 한다.

마치 달과 지구, 지구와 태양이 너무 멀어 떨어져나가거나 너무 가까워 충돌하지 않고 최적의(optimal) 거리를 유지하며 아름답게 빙빙 돌듯이.

원심력과 구심력의 조화

달과 지구, 지구와 태양은 서로 충돌하지도 않고 떨어져 나가지도 않고 적절한 거리에서 서로 아름답게 빙글빙글 돈다. 달과 지구의 관계에서 지구의 구심력이 달의 원심력보다 크다면 달은 지구에 딸려 들어와 충돌하게 될 것이다. 반대의 경우라면 달은 지금의 궤도를 이탈하고 멀리 사라질 것이다. 지구와 태양의 관계도 마찬가지다 지구의 원심력과 태양의 구심력이 서로 균형을 이루기 때문에 충돌하거나 떨어져나지 않고 적절한 거리에서 지구가 태양의 주위를 돌 수 있는 것이다.

마음챙김이 제대로 이루어지기 위해서는 구심력과 원심력이 적절하게 조화를 이뤄야 한다. 마음챙김의 구심력은 나의 내면에 대한 정확한 관찰이고 마음챙김의 원심력은 나의 밖에서 나를 정확하게 관찰하는 것이다.

마음에서 화가 일어나면 구체적으로 몸과 마음에서 화가 어떻게 나타나고 있는지 정확하게 알아차려야 한다. 동시에 내가 화를 내고 있음을 분명하게 자각해야 한다.

걷고 있으면 걸을 때 몸과 마음에서 일어나는 현상을 잘 알아차려야 한다. 걸음에 따라 몸의 어느 부위에서 어떤 감각이 느껴지는지 마음이 어떤 상태인지를 정확하게 알아차린다. 동시에 내가 걷고 있음을 명확하게 자각해야 한다.

앉아 있을 때는 몸의 감각, 호흡에 따른 감각을 잘 알아차려야 한다. 동시에 내가 앉아있음, 호흡하고 있음을 또렷하게 자각해야 한다.

내면에서 나를 관찰하는 구심력이 미시 마음챙김이라면 외부에서 나를 관찰하는 원심력은 거시 마음챙김이다. 두 가지 관찰이 조화를 이뤄야, 즉 미시 마음챙김과 거시 마음챙김이 조화를 이뤄야 나에 대한 객관적 관찰이 제대로 이뤄진다.

붓다께서 마음챙김을 설명하신 염처경이나 대념처경에 나오는 "안으로도"와 "밖으로도"는 바로 각각 미시 마음챙김과 거시 마음챙김을 뜻하는 것으로 볼 수 있다.

영점-나(Zero-I), 노바디-나(Nobody-I), 에브리바디-나(Everybody-I)

속으로 '앉아있음'을 간간이 되뇌며
의식이 지금·여기에 유지되도록 도와준다.
이렇게 앉아있음을 자각하는 것은 '밖으로' 마음챙김이다.

동시에 몸에 주의를 보내거나 호흡감각에 주의를 보내며
의식이 지금·여기에 유지되도록 도와준다.
이렇게 몸의 감각을 자각하는 것은 '안으로' 마음챙김이다.

그냥 앉아있을 뿐.
숨 쉬고 있을 뿐.
여기 이렇게 몸이 있을 뿐.
소리가 들리면 소리를 들을 뿐.
이뿐이다.
내면의 평화와 함께 하는 은은한 기쁨이 있을 뿐이다.

이때의 나는 Nobody면서 동시에 Everybody다.

어떠한 것도 붙지 않는 상태이므로 Nobody다.

나이도, 남녀도, 어떠한 역할, 지위, 재산도 붙지 않은 No-body다.

모든 사람들이 예외 없이 지니고 있는 상태이므로 Every-body다.

오바마도 노숙자도 똑같이 지니고 있는 Everybody다.

어떠한 조건 없이 누리는 내면의 평화다.

서울대에 합격하거나 삼성에 입사하거나 강남의 아파트에 살아야 얻어지는 것이 아니다.

있는 그대로의 자족이다.

영혼의 충전

'나 이전의 나'의 회복.

내면의 평화의 회복(recovery of inner peace).

그냥 명상만 해서는 그러한 나를 자각하기 어렵다.

마음챙김과 함께 말없이 침묵해야 '고요한 나' 'zero-I' 'no-body-I'를 자각하며 존재할 수 있다.

하루에 몇 번 이러한 영혼의 음식을 주어야 한다.

영혼의 충전이 필요하다.

여기서 다시 다양한 나를 나툰다.

마음챙김명상 시간은 침묵 시간이다

마음챙김명상 시간은 침묵(沈默) 시간이다.

침묵은 말없이 깨어있음이다.
밖으로뿐만 아니라 안으로도 말없이 깨어있는 것이다.

말없이 깨어있을 때 지금·여기가 드러난다.
지금·여기에서 내 몸과 주변환경이 생생하게 드러난다.
기독교에서 계시(啓示)또는 묵시(默示)로 번역되는 'revelation'은
드러난다는 뜻이다.

계시 또는 묵시는 특별한 사람에게만 나타나는 것은 아니다.
누구나 침묵할 때 하나님을 만나게 된다.
누구나 고요히 깨어있을 때 불성(佛性)을 만나게 된다.
비록 일별(glimpse)일지라도.

늘 그러하지는 못해도 잠시 침묵할 수 있도록 한다.
하루에 몇 번만이라도 침묵의 자리가 드러나도록 한다.

침묵

앉아 있을 때 다만 가만히 앉아 침묵할 뿐.
침묵과 함께 깨어있을 뿐.
몸이 드러나고 호흡이 드러난다.
지금·여기 이렇게 '존재함'을 '살아있음'을 '깨어있음'을 느
낀다.

혼자 식사할 때 단지 침묵할 뿐.
침묵과 함께 깨어있을 뿐.
몸이 드러나고 맛이 드러난다.
지금·여기 이렇게 식사하며 '존재함'을 '살아있음^(깨어있음)'을
느낀다.

걸어갈 때도 샤워할 때도 이를 닦을 때도 마찬가지다.

습관적인 속말^(속으로 하는 말, 생각, 욕구 등)을 멈춘다. 내려놓는다.
그러면 침묵이다.
속말 때문에 불안하고, 우울하고, 화나고, 열등감 느끼고, 불

편하고, …

속말을 멈추고 침묵한다.

그저 존재할 뿐.

느낄 뿐.

지금·여기에 또렷이 깨어 평화와 신비함과 함께 할 뿐이다.

특별하지 않음의 특별함

명상을 하면 현실과 동떨어진 특이한 경험을 하는 것으로 생각하는 사람들이 있다.
심지어 명상을 하면 공중부양을 한다고 믿는 사람도 있다.

명상을 하며 깊은 이완에 들어갔을 때 특수한 경험을 하기도 한다.
몸이 붕 뜬 것 같기도 하고(실제로 뜨는 것은 아님!)
몸의 경계가 사라진 것 같이 느껴지기도 한다.
너무 편안해서 그 상태로부터 나오고 싶지 않기도 하다.

이러한 체험은 비(非)사변적인 대상 하나에만 주의를 집중하는 집중명상을 할 때 경험하기 쉽다.
그러한 체험이 나쁜 것은 아니지만 특수한 체험만을 위해 명상을 한다면 명상을 오남용하게 된다.
일상의 삶이 시시해지고 지리산만 찾게 된다.
약을 오남용하면 안 되듯 명상도 그러하다.

한편 마음챙김명상은 명상을 하면서도 자기 자신을 바라보는 것을 놓치지 않는다.

호흡 마음챙김명상을 하고 있다면 배에서 느껴지는 호흡 감각에 주의를 집중하면서도 내 몸이 호흡을 하고 있음을 안다.

또렷이 깨어 내가 지금·여기에 앉아 있음을 안다.

별스러운 느낌이 느껴지는 것이 아니다.

다만 호흡에 주의를 집중하며 마음이 편안해짐을 느낀다.

배가 움직이고 숨이 들어오고 나감을 느낀다.

가만히 앉아 그저 호흡하고 있는 나를 느낀다.

이것이 나다.

저울의 영점과도 같은 영점-나(zero-I)다.

아무 것도 붙지 않는 노바디-나(nobody-I)다.

모든 사람과 동일한 에브리바디-나(everybody-I)다.

아무 것도 특별날 것이 없다.

몸은 그저 앉아 있고 숨을 쉬고 있다.

다만 나는 깨어있고 그것을 알고 있을 뿐이다.

그뿐이다.

다만 그뿐이다.

그 특별하지 않음의 특별함.

의식허공

몸통이 호흡과 함께 늘어나고 줄어드는 느낌.

호흡하고 있음.

깨어있음, 살아있음, 숨 쉬고 있음을 알아차리는 의식허공이
된다.

마음챙김명상은 의식허공,

깨어있는 허공,

알아차리는 허공이 되는 연습이다.

마음의 이름표

마음은 사회다.
그 안에 많은 나들이 산다.
많은 욕구, 생각, 감정 등이 산다.

그러나 우리는 마음이라는 사회를 어떤 내가 장악하고 있는
지 잘 모른다.
그냥 특정한 조건이면 그 조건에 조건화된 내가 등장해서 마
음을 지배한다.
때로는 부적절한 내가 마음을 장악해서 그 끝이 황당해하는
나, 후회하는 나의 등장으로 마감되는 경우도 있다.

마음을 있는 그대로 떨어져서 바라보는 마음챙김.
일상생활에 마음챙김이 필요하다.
마음챙김을 잘 하기 위해서는 마음에 등장하는 나들에게 이
름표를 붙여주는 방법이 좋다.

영화 '인사이드 아웃(Inside Out)'에서 마음 안에 사는 감정들에

게 '기쁨이', '슬픔이', '소심이', '버럭이', '까칠이'라고 불러주
듯이, 마음에 등장하는 나들에게 나름대로 별칭의 이름표를
붙여주는 것이다.

우리 안에는 얼마나 많은 나들이 사는지! 짜증이, 불안이, 심
심이, 버럭이, 까칠이, 억울이, 주눅이, 우울이, 열등이, 잘난
이, 기쁨이, 넓은이, 좁은이, 따뜻이, 쌀쌀이, 성공이, 일돌이,
먹순이, 미룸이, 열정이, …

짜증이 날 때 '아, 짜증이가 왔구나.' 하고 이름을 불러주고
화가 날 때 '아, 버럭이가 왔구나.' 하고 이름 불러주며 마음의
중앙무대에 등장했음을 알아주고 존재를 인정해준다.
불안할 때 '아, 불안이가 왔구나.' 하고 이름 불러주고
심심할 때 '아, 심심이가 왔구나.' 하고 이름 불러주면서 마음
챙김의 빛을 비춰준다.

좀 더 상세하게 별칭을 불러주어도 좋다.
한 때 인기 있던 '짝'이라는 TV 예능프로에서 짝을 찾는 남녀
들이 등장하는데 그냥 남자는 남자1호, 남자2호, 남자3호 등
으로, 여자는 여자1호, 여자2호, 여자3호 등으로 호칭한다.
마찬가지로 짜증이나 버럭이도 그 단계에 따라 약한 단계는
짜증이3호나 버럭이3호로, 중간 단계는 짜증이2호나 버럭이

2호로, 강한 단계는 짜증이1호나 버럭이1호로 불러준다.

이렇게 자기 나름의 체계를 갖춰 마음에 등장하는 나들에게 별칭의 이름표를 붙여두면 마음에 누가 등장하는지를 정확하게 알게 된다.
이름 불러주니 자신을 알아준다고 위로받는다.
별칭으로 이름 부르면 귀여워진다.
정확하게 이름 불러주면, 마치 CCTV에 잡힌 것처럼, 함부로 행동하지 않는다.
또한 다른 나들이 마음의 중앙무대로 등장하는 것이 훨씬 쉬워진다.
요즘 정치판의 용어로 표현하면 '협치(協治)'가 쉬워진다.

참고로 나 자신의 마음뿐만 아니라, 남편, 아내, 자녀, 직장사람들 등 다른 사람의 마음에도 여러 나들이 산다는 것을 유념하자.
다른 사람을 볼 때 지금 저 사람의 마음에 어떤 '나'가 등장하고 있는지를 잘 알아차리자.
마음은 사회임을 잊지 말자.
비록 지금 상대가 싫은 모습을 보여도 그 속에 좋은 모습도 들어있음을 기억하자.

상대가 보여주는 모습 하나로 상대의 마음 전체를 과일반화
하지 말자.

오히려 지금 내 마음에는 어떤 내가 나와서 상대의 마음에서
어떤 나를 불러내고 있는지 돌아보자.

상대의 건강한 나를 불러내고 있는지 불건강한 나를 불러내
고 있는지.

마음챙김과 남탓

마음챙김은 남탓을 멈추고 자신을 돌아보는 것을 도와준다.

우리는 보통 안(우리 자신)을 보기보다는 밖(사람, 사건, 사물)을 본다.

이때 보는 밖은 상당부분 우리의 마음이 투사되어 있다.

우리가 경험하는 밖은 밖보다도 우리의 마음에 대해 더 많은

것을 알려준다.(사실 '경험하는 밖'말고 어떤 밖을 알 수 있는가!)

20대 여성이 지나간다.

5살짜리 남자아이는 '저 누나가 나에게 사탕을 줄까?'라고 생

각한다.

20대 총각은 '저 여자와 연애하면 멋지겠다.'라고 생각한다.

50대 여성은 '저 아가씨가 참해 보이는데 내 아들 신부감으로

좋겠다.'라고 생각한다.

똑같은 20대 여성이지만 보는 사람마다 다르게 본다.

각자는 자신의 마음이 투영된 모습을 보고 있다.

마음챙김은 나를 객관적으로 보게 해준다.

다른 사람, 사물, 사건을 경험할 때 그 경험에 관여하는 나를

돌아본다.

사람, 사물, 사건에 대해 말하기 전에 나에 대해서 알아차린다.

우리는 평가하고 판단하는 줄도 모르는 채 얼마나 많이 남을 평가하고 판단하는지!

앞으로도 얼마나 많은 시간을 나를 보지 못하고(마음챙김 못하고, 정신차림 못하고) 사람과, 사물과, 사건을 비난하고 싫어하고 원망하며 보내게 될지!

'오직 할 뿐!'

스스로 마음챙김 못함을 자책하는 것은 두 번째 화살을 맞는 것.

'오직 할 뿐!'

점차 남탓 하고 있는 나를 발견하는 마음챙김의 회복 시간이 짧아진다.

이는 마음챙김을 연습하는 모든 이들에게 주어지는 즐거움이다!

다만 마음챙김으로 나를 바라보는 것이 자칫 내탓으로 이어지지 않도록 한다.

남탓, 내탓은 모두 양변(兩邊)에 떨어지는 것이다.

마음챙김은 남탓도, 내탓도 아닌 제3의 길이다.

마음챙김: 이상하고 아름다운 도깨비 나라

한 때 종편 드라마 '도깨비'가 인기였다.

공유라는 이름의 남자배우가 도깨비로 나오는데 뿔도 없고 방망이도 들지 않았으며 옷도 잘 입고 다니고 무엇보다 참 잘생겼다!

대사 중에 잠깐 '이상하고 아름다운'이라는 말이 나오는데 순간적으로 머릿속에 노래 한 소절이 흘러간다:

"이상하고 아름다운 도깨비 나라~"

어린 시절 동요로 많이 부른 노래다.

요즘도 불리는 것 같다.

'이상하고 아름다운 도깨비 나라'!

그런데 이 세계가 바로 이상하고 아름다운 도깨비 나라 아닌가.

이상하고 아름다운 도깨비 나라는 달리 멀리 있는 것이 아니다.

보고 듣고 말하는 이 모든 현상이 불가사의(不可思議)하고 불가사의하고 또 불가사의하다.

색깔, 모양, 공간

소리

냄새

맛

감촉

욕구

생각

감정

잠시라도 마음을 쉬고 보면

이 세계가 바로 '이상하고 아름다운 도깨비 나라'!

문득 이상하고 아름다운 도깨비 나라가 벌어지는 바탕을 잠

깐 일별(glimpse)한다.

스트레스의 달인과 마음챙김

달인(達人)은 "학문이나 기예에 통달하여 남달리 뛰어난 역량을 가진 사람"(네이버 사전)이라고 정의한다. TV의 한 프로그램에서는 생활 속에 다양한 종류의 숙달된 기술을 보이는 '생활의 달인'도 많이 소개하고 있다. 이러한 달인의 특징은 무수히 반복하여 숙달된 기술을 보유하고 있다는 것이다.

그런데 세상에는 '스트레스의 달인'도 있는 것 같다. 이들은 생활 속에서 스트레스를 경험하고 지속하는데 비범한 '능력'(?)을 보인다.

삶은 늘 변화하기 때문에 좋은 일만 계속 되지도 않고 나쁜 일만 지속되지도 않는다. 마치 싸인 커브처럼 오르락내리락 하는 기복이 있는 것이다.

스트레스의 달인은 삶의 싸인 커브가 하강 국면에 있을 때 저점을 지속적으로 끌고 가는 비상한 재주를 보인다(아래 그림 참조). 대표적으로는 부정적인 경험을 민감하게 탐지하고 그것에 주의를 보내고 그것을 유지하는 능력을 들 수 있다. 특히 부정적 경험에 대한 주의를 지속하는 능력은 부정적 경험을 계속해서 반복적으로 생각하는 '반추(rumination)'라는 정보처리 전략을 삶 속에서 꾸준히 되풀이해서 적용한 결과 얻어진 것이다.

오랜 시간을 통해 형성된 습관을 하루아침에 고칠 수는 없다. 꾸준히 건강한 습관을 반복함으로써 재학습할 수밖에 없다. 이때 중요한 것이 마음챙김이다. 자신이 불건강한 습관을 사용하고 있음을 알아차려야 하고 그것에 반응하지 않고 바라보는 힘을 길러야 한다.

부정적인 생각을 했을 때 그것을 알아차리고 그것이 단지 생각일 뿐임을 객관적으로 바라볼 수 있어야 한다. 부정적인 감정에 빠졌을 때 그것을 부정하거나 빠져나오려고 애쓰기보다 그것을 받아들이고 마치 그 감정을 공부하듯이 있는 그대로 낱낱이 느껴본다(안으로 마음챙김, 미시 마음챙김). 동시에 그러한 감정을 느끼고 있음을 떨어져서 본다(밖으로 마음챙김, 거시 마음챙김). 그리고 담담히 자기 할 일을 한다.

봄, 여름, 가을, 겨울. 4계절은 늘 리듬 속에 오고 긴다. 비가

오는 날도 있고 쾌청한 날도 있다. 추운 날도 있고 따뜻한 날도 있다. 길을 가다보면 오르막길도 있고 평평한 길도 있다. 때로 천천히 가기도 하고 쉬었다 가기도 하겠지만, 꾸준히 길을 가며 삶이라는 여정을 즐길 수 있으면 좋겠다.

스트레스의 달인

마음챙김명상: 하기 싫은 일을 해야만 할 때

일상생활에서 우리는 아래의 네 가지 상황 중 하나에 직면하게 된다.

	해야 한다	하면 안 된다
하고 싶다	A	B
하기 싫다	C	D

A와 D는 문제가 아니다.

해야 하는 상황인데 내가 하고 싶은 일이라면 좋은 일이다(A).

하기 싫은 데 안 해도 되는 상황이라면 무엇이 문제겠는가(D).

문제는 B와 C다.

하면 안 되는데 하고 싶을 때(B), 하기는 싫은데 해야만 할 때(C) 이런 상황이 문제다.

B와 C가 붙어있는 경우도 있다.

공부는 하기 싫은데 해야만 하고(C) 컴퓨터 게임은 하고 싶은데 하면 안 되는(B) 상황이 이러한 예에 속한다.

혹은 일은 하기 싫은데 해야만 하고(C) 미래에 대한 걱정은 하면 안 되는데 자꾸 하고 싶은(B) 상황도 이러한 예에 포함된다.

B나 C 혹은 B와 C가 함께 있는 상황이 내가 내 마음을 다스
려야 하는 상황이다.
마음의 기술이 필요한 때다.

먼저 C의 상황을 다뤄보자.
공부(또는 일도 마찬가지)는 하기 싫은데 그러나 해야만 할 때가
있다.
이럴 때는 그냥 책상 앞에 앉는다.
명상을 해 본 사람이라면 자신이 아는 명상을 해도 좋다.
그렇지 않다면 다음과 같이 해보자.

다만 그냥 앉아있도록 한다.
공부 하려고 애쓰지 않는다.
그러면 더 공부하기 싫어진다.
모든 것을 스톱(STOP)시키고 그냥 앉아있을 뿐이다.
특히 인터넷 검색이나 카톡, 페이스북 등으로 도망가지 않는다.

눈은 떠도 되지만 괜찮다면 감고 앉아 본다.
그리고 나를 느껴본다.
머리끝에서 발끝까지 차례로 몸을 느껴보기도 하고
몸이 숨을 어떻게 쉬고 있는지 가만히 구경하기도 한다.

다만 이렇게 내 몸을 느껴본다.

하기 싫지만 해야만 하는 상황에서 어떻게든 해보려고 하는
나 자신을 지지하듯이 귀 기울여 경청하듯이
마음의 눈으로 가만히 바라본다.

하고 싶은 만큼 한다.

문득 공부하기 싫은 마음이 내려놓아진 것 같으면 그때 공부
를 시작한다.

이런 저런 속말 넣지 말고
그냥 오직 할 뿐으로 한다.

위와 같이 해도 공부 할 마음이 좀 약하다면
공부 재료(책, 논문, 자료 등)를 소리 내서 5분 정도 읽는다.

굳이 공부하려는 마음 없이 그냥 읽는다.

이렇게 해서 마음이 잡히면 그냥 공부한다.

오직 할 뿐으로 한다.

그래도 공부하기 싫다면 그냥 쉰다.

하고 싶은 일을 하며 마음에 즐거움을 준다.

즐거움의 에너지가 충전되고 나면 하기 싫은 일도 할 수 있는
힘이 생긴다.

'지금 뭐 해?!'

지금 나는 무엇을 욕구(의도)하나?!
지금 나는 무슨 생각을 하나?!
지금 나는 어떤 감정인가?...
지금 나는 어떤 감각을 느끼고 있나?
지금 나는 몸으로 무엇을 하고 있나?
마음챙김!

'지금 뭐 해?!
하루 중에 간간이
마음속으로 되뇐다.
마음챙김의 생활화에 도움이 된다.

의식 공간을 채우고 있는 것들

지금 내 '의식 공간'을 채우고 있는 것들은?

시각으로 ...

청각으로 ...

냄새로 ...

맛으로 ...

촉감으로 ...

생각으로 ...

감정으로 ...

욕구로 ...

이런 식으로 평소에 틈틈이 지금 내 의식공간을 채우고 있는

것들을 점검한다.

이것을 자꾸 연습하면 이러한 점검이 자동화 된다.

감각에 초점을 두다보면 잡생각은 줄어들게 된다.

존재와 인식

오직 존재할 뿐.

지금·여기에 존재함, 깨어있음, 살아있음을 느낌.

앉아있음/서있음/걷고 있음.

숨 쉬고 있음.

그뿐이다.

걷고 있을 때 나는 단지 숨 쉬며 걷는 존재일 뿐이다.

다만 지금·여기에서 주변의 감각들을 인식할 뿐이다.

생각 없는 깨어있는 의식상태(성성적적 惺惺寂寂).

마음챙김명상 시간은 나를 쏙 빼놓는 시간이다

마음챙김은 나 없는 마음으로 존재하기.

나 없는 마음은 침묵하는 마음.

침묵한다는 것은 내가 침묵하는 것.

에고의 내가 침묵하는 것.

에고가 침묵할 때 있는 그대로의 마음이 드러난다.

언제 어디서나 침묵하면 드러나는 내면의 평화의 섬에 머물다온다.

의식 허공 되기

마음챙김으로 바라볼 때
모든 것이 내 안에서 일어나고 있는 줄 안다.
허공이 되는 것이다.
의식(허공) 자체가 되는 것이다.

오직 작용

'안이비설신의(眼耳鼻舌身意)'는 각자의 작용을 할 뿐이다.

보고, 듣고, 냄새 맡고, 맛보고, 감촉하고, 욕구·생각·감정을

일으킨다.

그뿐이다.

거기 나라고 할 것은 없다.

작용만 있을 뿐이다.

마음챙김은 그 작용을 떨어져서 보는 것이다.

감각, 욕구, 생각, 감정을 있는 그대로 떨어져 보는 것이다.

'안이비설신'만이 작용이 아니다.

'의', 즉 욕구·생각·감정도 작용이다.

작용일 뿐이다.

욕구·생각·감정에 들어앉을 이유가 없다.

욕구·생각·감정을 나라고 보지 않는다.

작용일 뿐이다.

나를 찾는다면

이 모든 것이 나다.

이 세상 모두가 나다.

이 모든 것을 아는 것이 나다.

마음챙김명상 모임

수많은 촛불이 모여 사회적 변화를 이뤄낸다.
한 개의 촛불로는 불가능했을 것이다.
한 번의 켜짐만으로는 어려웠을 것이다.

우리 자신의 의미 있는 변화를 위해서도 마찬가지.
내면의 등불을 밝혀야 한다.
한 개의 등불로는 약하다.
수많은 등불이 켜져야 한다.
한 번으로는 부족하다.
지속적으로 켜져야 한다.

마음챙김명상의 기술을 익히기에 한 번의 교육으로는 부족
하다.
마음챙김명상 모임을 만드는 것이 좋다.
한 달에 한 번이라도 모임을 갖고 참석하는 것이 유익하다.

모인에 참석하려는 마음 자체기 마음챙김명상을 실천하게

해준다.

참가해서 서로 소통하며 내면의 등불이 하나, 둘 또 켜진다.

함께 참가한 도반들의 질문과 답변, 소감 나눔 등의 상호작용이 서로서로 내면의 등불을 연쇄적으로 점화한다.

마치 외부에서 힘을 가해야만 빛을 내는 구슬들이 서로서로 부딪히며 그 충격으로 화려한 빛을 발하는 것처럼.

무엇을 배우든 가장 중요한 것은 배우고자 하는 동기다.

삶의 변화를 위한 동기.

행복한 삶, 성장의 삶을 위한 삶의 기술인 마음기술을 배우고자 하는 동기.

이러한 동기를 충분히 일으키고 지속시켜야 한다.

모임을 통해 우리는 절차탁마(切磋琢磨)하며 상생(win-win)한다.

서로서로 내면의 등불을 밝혀주며 기쁨을 느낀다.

'나'를 쏙 빼고

마음챙김은 '나'를 쏙 빼는 것이다.

나를 쏙 빼고 깨어있는 것이다.

모두가 나이니 나가 없다.

생각(욕구·생각)을 멈출(내려놓을) 때 거기 나(에고)는 없다.

우두커니 마음챙김명상

우두커니 마음챙김명상

모니터 앞에서 작업하다가도 문득 지금·여기로 쉰다.

지금·여기

생각을 멈추고 깨어있으면 지금·여기가 드러난다.

소리

공기의 냄새, 온도

몸의 감각

엉덩이에서의 의자 감각

언제든 돌아와 쉴 수 있는 곳–때, 지금·여기.

감각세계

감각의 세계는 불현 듯 경험되기도 한다.

귀가길 아파트 1층에서 엘리베이터를 기다리는 중에 오기도
한다.

이 세계는 오직 감각의 세계일뿐이라는 것이 온전하게 체험
으로 느껴진다.

오직 감각의 세계.

오직 감각의 몸.

오직 감각의 존재.

감각 마음챙김명상: 감각을 감각으로 표현하라

'이게 뭐지?!'

모양, 색깔
소리
냄새
맛
촉감
어떤 감각이든

지금 느껴지는 감각에 대해
'이게 뭐지?!' 라며
감각을 어떻게든 표현해보라.

아는 단어가 떠오를 수 있다.
빨강, 파랑 등 색깔 단어.
자동차 소리, 새소리 등의 소리를 낸 대상의 단어.
장미 냄새, 커피 냄새 등 냄새의 원천인 대상의 단어.

짠 맛, 매운 맛 등 맛 단어.

가려움, 눌림, 따뜻함 등 촉감 단어.

가능하면 이런 단어들을 내려놓고 감각 자체를 표현해보라.

사실 어떻게 말로 감각을 온전히 표현해낼 수 있겠는가.

감각을 감각으로 표현해보라.

감각을 언어가 아닌 감각으로 표현해보라.

지금 경험하는 감각을 나중에 마음으로 떠올릴 때 지금 경험하듯이 분명하게 떠올릴 수 있도록 감각을 감각으로 표현해보라.

감각을 감각으로 표현하려고 할 때 감각에 더 집중이 된다.

그럴수록 감각은 더 명료하고 생생하게 경험된다.

말로 표현할 수 없지만 분명히 느껴지는 감각이 신비하게 느껴지기도 한다.

내가 지금 이런 감각을 느끼고 있음을 자각한다.

3분 우두커니 마음챙김명상

3분 동안 다만 지금·여기에 깨어서 존재한다.

매순간 찰라 속의 영원에 존재한다.

태고의 찰라 속 영원에 존재한다.

모든 것이 신비.

'이상하고 아름다운 도깨비 나라!'

3분 동안 하나님 나라를 회복한다.

우두커니 마음챙김명상

마음챙김명상은 존재에 대한 명상이다.

나는 어디에 있나?

내가 여기 있구나.

무엇을 하나?

앉아 있구나. 아무 것도 안 하고 있구나. 쉬고 있구나. 숨 쉬고 있구나.

살아 있구나.

어떻게 아나?

엉덩이에서 분명한 감각을 느낀다(인식).

생생하고 분명한 엉덩이 감각이 있다(존재).

소리를 듣는다.

분명하고 생생한 소리 감각이 있다.

호흡과 함께 배안에서 느껴지는 미묘한 감각.

분명하고 생생한 감각을 느낀다.

분명하고 생생한 감각이 있다.

그 신비로움!

그 생생함!

가급적 이것을 늘려 나간다.

걸을 때, 세수할 때, 식사할 때, ...

우두커니 마음챙김

다 내려놓고 다만 나의 존재를 살아있음을 깨어있음을 자각
한다.
어떠한 함(Doing)도 내려놓는다.
그저 깨어서 자각할 뿐이다.
의식허공에서 벌어지는 것들을 무심히 자각하며 허공 자체
를 느낀다.
살아있음을, 깨어있음을 느낀다.

호흡감각을 느끼려는 시도도 내려놓는다.
생각을 하려고 하지 않지만 굳이 안 하려고도 하지 않는다.
다만 의식허공 자체, 다양한 감각으로 나타나는 허공의 사건
들, 깨어있음을 느낀다.
그러다 정서가 느껴지면 다른 사건들과 함께 허공중의 한 사
건으로 느낀다.

행위 마음챙김명상

행위하며 '쉰다'

명상은 '쉰다'이다.

걸을 때는 걷도록 두고 쉰다.

걷기의 디폴트 모드, 오토파이럿 모드.

마음은 쉰다! 레스팅(resting) 모드.

다만 마음챙김으로 깨어있을 뿐.

샤워, 청소, 세수, 면도, 앉아있기, 서있기 등 필요에 의해 생각할 때 외에는 모두 쉬는 시간이다.

행위하며 노바디 자각

호흡 마음챙김명상은

가만히 앉아 호흡을 하며 노바디(Nobody)가 되고 자신이 노바
디임을 자각하는 것이다.

행위를 하면서도 마음챙김명상을 하면

행위를 하며 노바디가 되고 자신이 노바디임을 자각하는 것
이다.

행위하며 침묵

계시 또는 묵시는 특별한 시간에만 나타나는 것도 아니다.

가만히 앉아있거나

걷거나

이를 닦거나

샤워를 하거나

설거지를 하거나

러닝머신 위를 뛰고 있거나

그 어떤 시간이든

말을 하지 않아도 되는 시간에 우리는 침묵할 수 있다.

침묵 가운데 드러나는 지금·여기를 온전히 느낀다.

짧은 휴가

일을 하는 중간

화장실에 다녀오는 시간,

차를 마시는 시간을

잠시 나만의 평화의 섬에 머물다오는 시간으로 삼는다.

하던 일을 멈춘다.

하던 일과 관련된 욕구·생각을 내려놓고 쉰다.

문득 감각의 세계, 나만의 평화의 섬으로 짧은 휴가를 다녀

온다.

정성을 다함

행위를 할 때 정성을 다한다.

식사를 하든

설거지를 하든

이를 닦든

샤워를 하든

지금 사용 가능한 에너지를 100% 사용한다.

지금 하는 행위 외로 마음의 에너지가 누수 되듯 빠져나가지
않도록 한다.

오직 지금 하는 행위에 정성을 다하며 집중한다.

가능하다면 동기에 깨어있도록 한다.

기운이 없다고 생각될 때도 행위에 좀 더 집중하며 정성을 다
하면 오히려 기운이 난다!

작은 행위에도 깨어있음

스마트폰을 사용할 때 잠금을 해제한다.
잠금을 해제하는 암호를 그리거나 입력하기 위해 손가락을
사용할 때
분명히 깨어서 그 행위를 하고 있음을 자각한다.
스마트폰을 쥐고 있고 그 감각을 느끼고 있음도 안다.
손가락으로 터치하고 있고 그 감각을 느끼고 있음도 안다.

지하철 개찰구 들어가며 태그 할 때나
버스에 올라타며 태그 할 때
그 행위를 하고 있음을 명료하게 깨어서 자각한다.
손으로 지갑이나 스마트폰을 쥐고 있고 그 감각을 느끼고 있
음도 안다.
손으로 태그 할 때의 접촉도 느끼고 소리도 듣고 있음을 안다.

멈춤, 휴식 그리고 관찰

행위 마음챙김명상의 대상은 반복되는 일상의 행위다.

주의를 기울여 의식적으로 행하는 행위들이 아니다.

이 닦을 때 칫솔을 오른쪽으로 먼저 넣겠다, 이제는 왼쪽으로

바꾸겠다, 등으로 의식적으로 생각하고 행동하지는 않는다.

충분히 자동화되어 최소한의 주의만 사용될 뿐이다.

오히려 이렇다보니 일상의 행위를 할 때 잡생각에 빠지는 경

우가 많다.

역설적으로 들릴지 모르지만 행위 마음챙김명상을 할 때는

멈추는 것이 중요하다.

몸을 멈추라는 것이 아니다.

행위는 몸에게 맡기고 욕구·생각을 멈추는 것이다.

욕구·생각을 멈출 때 지금 하는 행위가 드러난다.

지금 하는 행위에 주의를 보낼 수 있다.

행동의 세부적 과정의 수행에 주의를 보내라는 것이 아니다.

행동은 나의 의식이 하는 것이 아니라 나의 몸이 한다.

나는 다만 나의 몸이 하는 행위를 관찰할 뿐이다.

욕구·생각을 쉬고 느긋하게 구경할 뿐이다.

욕구·생각의 멈춤에서 드러나는 감각의 세계를 온전히 음미하는 것이다.

욕구·생각의 쉼에서 오는 내면의 평화와 함께 하는 것이다.

매일 매일 우리는 동일한 행위들을 반복한다.

면도하고, 세수하고, 화장하고, 옷 갈아입고, 걷고, 차를 마시고, 화장실을 다녀오고, 식사하고, 이 닦고, 샤워하고, 음식 준비하고, 설거지하고, …

매일 반복되는 행위를 하는 시간을 나만의 휴식시간으로, 잠시 나만의 평화의 섬에 머물다오는 시간으로 삼는다.

가능하면 동시에 또렷이 깨어 바라보는 수행의 시간으로 삼는다.

행위 마음챙김명상 도우미: 존중의 마음으로 정성을 들임

행위를 할 때 행위의 대상에 대해 존중의 마음으로 정성을 들여 한다.
이렇게 행위 하는 것이 행위 마음챙김명상을 도와준다.

설거지를 한다면 그릇을 존중하는 마음으로 정성을 들여서 한다.
편지봉투 하나를 뜯을 때 마구 내키는 대로 뜯지 않고 소중한 물건을 다루듯이 한다.
재활용쓰레기 버리는 날 대충 버리지 않고 하나하나를 존중하는 마음으로 정성껏 분리해서 버린다.

자판기 커피 한 잔도 품격있는 커피를 음미하듯 존중하는 마음으로 정성스럽게 마신다.
과장하면 마치 물건에 인격이라도 있는 양 존중하는 마음으로 대한다.

샤워나 세수를 할 때는 몸을 존중하는 마음으로 정성껏 씻는다.

종교가 있는 사람이라면 마치 예수님이나 부처님의 몸을 샤워시켜드리고 세수시켜드리듯이 한다.

이렇게 존중의 마음으로 정성을 들여 행위 하는 것은 우리가 평소에 행위를 할 때 행위 자체에 주의를 집중하지 못하고 빨리 끝내버리려는 마음으로 하는 경우가 많기 때문이다.

일이나 자신이 좋아하는 취미생활을 할 때만 주의를 집중한다.

일상의 많은 행위들은 중요하지도 않고 귀찮을 뿐이며 가능하면 빨리 끝내버리고 싶어 한다.

행위를 하면서도 마음은 지금·여기에 있지 않고 행위 후의 다른 일(예: TV 시청하기)에 가있거나 과거나 미래의 후회, 원망, 걱정에 가있다.

존중하는 마음으로 정성껏 행위를 하게 되면 행위에 집중하게 된다.

이렇게 행위에 집중하며 고요히 깨어서 자신의 행위를 자각할 때 행위 마음챙김명상이 된다.

행위를 할 때 존중의 마음으로 정성을 들이는 것이 마음챙김은 아니다.

그러나 마음챙김을 도와준다.

일부러 존중의 마음을 내서 정성을 들이지 않아도 고요히 행위에 집중하며 깨어있을 수 있다면 굳이 특별한 방식으로 행위 하지 않아도 된다.

걷기 마음챙김명상: 중력에 주의 보내기

우리가 몸으로 하는 모든 행위는 중력을 이용하거나 거스르는 작용이다.
행위를 할 때 몸에 작용하는 중력에 주의를 보내며 깨어있다면 훌륭한 마음챙김명상이 된다.

사실 아무 것도 하지 않고 서 있거나 앉아 있을 때도 그 자세를 유지하기 위해서는 중력을 거스르거나 이용하며 몸의 근육들이 작용하고 있다.
이렇게 보면 우리 몸은 늘 중력을 이용하거나 거스르는 작용을 하고 있다.

걷기 마음챙김명상은 천천히 걸으면서 할 수도 있고 평소의 속도로 걸으면서 할 수도 있는데 기본 요령은 유사하다.
가급적 바른 자세로 한 발 한 발 바르게 걷는다.
몸, 특히 어깨에 불필요한 힘이 들어가지 않도록 하며 발은 11자로 하고 허벅지 안쪽이 스치듯이 걷는다.
걷기 마음챙김명상은 우두커니 마음챙김명상 방식으로 걸으면서 주변에서 경험되는 감각들에 마음을 열고 관찰할 수도 있고 발과 다리, 혹은 오직 발바닥에만 주의를 보내며 관찰할 수도 있다.

발과 다리에만 주로 주의를 보내는 방식으로 할 때는 걸으면서 경험되는 발바닥과 다리의 안쪽 근육에서의 감각 변화에 주의를 보낸다.

발바닥에서 몸 전체의 무게를 느끼며 그 무게가 발뒤꿈치에서 발바닥 가운데로, 이어서 발바닥 앞뿌리로 미끄러지듯 이동해가는 것을 잘 관찰한다.

이어서 다른 발로 몸의 무게가 옮겨가며 발뒤꿈치부터 다시 발바닥 앞뿌리로 몸무게가 우아하게 춤추듯 이동하며 만드는 그 감각의 변화를 놓치지 않고 느껴본다.

음과 양이 끊임없이 서로 이어지며 돌아가는 우주의 순환처럼 몸무게의 중심이 왼발, 오른발로 반복해서 옮겨가며 발바닥에서 일어나는 음양의 변화를 느껴본다.

시선은 3-4m 앞의 바닥에 떨어뜨리고 한 발 한 발 옮기며 마음의 눈은 무게 중심이 옮겨가는 것을 놓치지 않고 바라본다.

그러다보면 재미가 난다.

아무리 예쁜 여자, 멋진 남자가 지나가도 눈길 한 번 주지 않는다.

걷다가 신호등을 만나 멈추게 되었거나 걷기가 끝난 후에는 잠시 몸 전체에서 느껴지는 감각의 여운을 음미하듯이 가만히 느껴본다.

온전한 '혼밥'

요즘 '혼밥', 즉 혼자 밥 먹는 사람들이 많아졌다고 한다.
사람들 간의 연결이 단절되어가는 것이 아닌가 우려되기도
하지만, 늘 혼자 먹는 것이 아니라면 때로 혼밥도 좋다고 생
각한다.
다만 혼밥을 먹는다면 온전하게 혼밥을 먹으면 어떨까.

혼자 먹지만 스마트폰을 보고 있다면 혼밥이 아니다.
혼자 먹지만 신문을 보고 있다면 혼밥이 아니다.
혼자 먹지만 TV를 보고 있다면 혼밥이 아니다.
그것은 비겁한 혼밥이다.

스마트폰도, 신문도, TV도 없이 혼자 밥을 먹어도 당당한 혼
밥이 되기에는 아직 부족하다.
낮에 직장에서 상사가 야단치던 일을 곱씹고 있다면 혼자가
아니다.
인사를 안 받고 지나간 후배를 생각하고 있다면 혼자가 아니다.
내일 여러 사람들 앞에서 발표해야 할 일을 걱정하고 있다면

혼자가 아니다.

혼자 밥을 먹지만 이런 생각과 함께 한다면 온전하게 혼자 있는 것이 아니다.

아직은 당당한 혼밥이 아니다.

음식을 본다.

음식의 냄새를 맡는다.

음식의 맛을 본다.

음식의 식감을 느낀다.

음식을 씹는 소리를 듣는다.

홀로 앉아

오직 음식을 먹으며 경험되는 오감과 함께 하고 있다면

또한 이때 자신의 존재감까지 느낄 수 있다면

더 무얼 바라랴.

온전한 혼밥

먹기 마음챙김명상이다.

먹기 마음챙김

혼밥 먹게 된 상황을 먹기 마음챙김의 좋은 기회로 삼는다.
TV를 틀거나 스마트폰을 보면서 먹으려는 욕구를 잘 알아차리고 내려놓는다.
그것 자체만으로도 훌륭한 수행이다.
TV나 스마트폰으로 가려는 것은 깨어있기를 회피하려는 것이다. '깨어있는 나'로 있으려고 하지 않고 '에고 나'의 습관적인 욕구충족을 따르려는 것이다.
그 마음을 내려놓고 단지 지금·여기에서 먹기에 깨어있도록 하는 것은 훌륭한 수행이다.
'깨어있는 나'를 양성하는 것이다.
'깨어있는 나'를 한번 선택하면 '깨어있는 나'가 한 뼘 자란다.

설거지 마음챙김명상

설거지를 하며 경험되는 모든 감각들을 낱낱이 알아차려보
려고 한다.

물소리

어떤 그릇을 씻을 때는 어떤 소리가 나는지

그릇에 따른 감촉의 차이

그릇의 모양, 색깔

냄새

입안에서의 느낌

호흡의 느낌

발바닥의 느낌

서있음

그릇을 씻고 있음

요가 휴가

올 여름 무척 더웠다.

휴가도 못 갔다.

그러나 새로 맡은 일 때문이기도 했지만, 굳이 휴가를 가고 싶은 생각은 들지 않았다.

사실 나는 거의 매일 휴가를 즐겼다.

특별한 일이 없으면 저녁에 집 앞 피트니스 센터에서 요가를 했다.

요가는 나에게 휴가와 같다.

그것도 일 년에 한 두 번 가는 휴가가 아니라 마음먹는다면 매일 갈 수 있는 휴가다.

여행을 할 때도 좋지만 여행을 준비하며 기대할 때 더 즐거운 경우도 많다.

마찬가지로 하루 중 힘든 생각이 들어도 저녁에 있을 요가 생각을 하면 동기충족예상의 웰빙 상태가 된다.

또 요가 하러 집을 나서 피트니스 센터로 갈 때도 5분도 안 되는 짧은 시간이지만 설레는 마음에 심장이 조금 더 빨리 뛴다.

요가가 시작되면 마음은 고향에 온 듯 편안해진다.
몇 가지 익숙한 동작을 하며 몸과 마음이 정렬된다.
차츰 강도 있는 동작을 하며 몸의 근육이 수축하고 이완하며
만들어내는 감각에 가만히 집중한다.
모든 번뇌를 내려놓고 지금 이 순간 오직 요가 동작과 감각에
만 주의를 보낸다.

요가를 마치고 잠시 혼자 남아 하는 호흡명상은 또 얼마나 달
콤한지!
들숨, 날숨, 몸이 미세하게 확장하고 수축하는 모습을 지켜보
다보면 더 이상 바랄 것이 없다.
지금 이대로 온전한 만족상태다.
더 넘칠 것도, 모자랄 것도 없이 자족하는 고요한 평화의 상
태다.

요가 마음챙김명상·침묵

목 6아사나 요가를 침묵과 함께 진행한다.

침묵

침묵

침묵(沈默)

침묵할 때 드러난다.

내가 지금 요가를 하고 있음을

이렇게 살아있음을

이렇게 존재하고 있음을 느낀다.

몸 마음챙김명상

몸 마음챙김명상

몸 명상은 몸의 감각에 주의를 보내며 욕구·생각을 쉬는 명상이다.

편안하게 쉰다는 자세로

가만히 몸에 주의를 보내본다.

몸 어느 부위에서 가장 뚜렷하게 감각이 느껴지나?

윗입술과 아랫입술이 닿아있는 느낌은 어떠한가?

왼손과 오른손의 느낌은 어떠한가?

왼발과 오른발의 느낌은 어떠한가?

콧구멍에서 공기가 들어오고 나가며 스치는 느낌이 느껴지나?

가슴과 배가 오르락내리락 하는 것이 느껴지나?

가만히 몸에서 느껴지는 감각에 주의를 기울여본다.

애쓰지는 않는다.

그저
쉰다는 자세로
마음의 눈으로 몸을 구경하듯이
몸을 느껴본다.

약간의 호기심도 좋다.
늘 나와 함께 하는 몸에서 지금 어떤 감각이 느껴지는지
약간의 호기심을 가지고 지켜본다.

잘 느껴지는 부위도 있고 그렇지 않은 부위도 있다.
잘 안 느껴지면 안 느껴지는 대로 그냥 둔다.
느낌을 강요하지 않는다.
매일 조금씩 꾸준히 주의를 보내면 차차 감각을 느낄 수 있다.
처음에는 마음을 열지 않다가 친해지면서 자기 얘기를 해주
는 친구처럼.

몸이 조금씩 느껴지기 시작하면
나의 몸이 지금·여기 이렇게 존재함을 느껴본다.
내 몸이 이렇게 존재하고 있고
내 의식이 분명하게 깨어 몸을 느끼고 있음을 느껴본다.
내 몸이 대상화되고 객관적으로 느껴지는 마음챙김명상이다.

몸의 감각에 주의가 집중되며
잡생각이 잦아들고 마음이 편안해진다.
몸의 존재가 자각되며
신비함과 감사함이 느껴진다.

한편으로는 몸과 더욱 친해지고
또 다른 한편으로는 몸과 떨어져
몸과 좋은 친구가 되는
몸 마음챙김명상이다.

감각 채우기

의식의 공간을 몸의 감각들로 채움.

머리끝부터 발끝까지 몸의 한 부위, 한 부위에 주의를 주며 그곳의 감각을 온전히 느낀다.

한 부위, 한 부위의 감각들이 의식의 공간에 차곡차곡 채워진다.

의식공간이 몸의 감각들로 채워지면 몸이 확장된 듯, 열린 듯한 느낌과 밝은 빛이 느껴지기도 하며 지극히 평화로움을 경험한다.

몸 마음챙김: 귀신 vs. 좀비

귀신이란 무엇인가?
귀신이란 몸에서 마음이 분리되어 마음으로만 사는 존재다.
좀비란 무엇인가?
좀비란 몸에서 마음이 분리되어 몸으로만 사는 존재다.

우리는 종종 자신의 몸은 잊고 걱정, 후회, 원망, 쓸모없는 공
상 등의 생각에 빠져 산다.
몸과 분리된 채 귀신으로 살고 있는 것이다.
우리는 종종 생각에 빠져 걷는 줄 모르고 걷고, 먹는 줄 모르
고 먹으며, 이 닦는 줄 모르고 이를 닦는다.
마음과 분리된 채 좀비로 살고 있는 것이다.

자주 몸을 돌아보자.
지하철에서 운 좋게 자리를 얻었다면 스마트폰과 접속하기
보다 가만히 몸과 접속하자.
머리끝에서 발끝까지 한 부위, 한 부위 몸을 만나자.

얼굴 마음챙김명상

정서의 많은 부분이 얼굴로 드러난다.
하루 중에 때때로 얼굴을 가만히 마음챙김 하는 것은 자신의
감정 상태를 알아차리는데 도움이 된다.
뿐만 아니라 얼굴에 순수한 주의를 보내며 마음챙김 하는 것
만으로도 얼굴이 편안해지고 그에 따라 마음도 편안해질 수
있다.

명상을 시작할 때도 먼저 얼굴 마음챙김을 하는 것이 좋다.
명상을 하면서 얼굴에 인상을 쓰고 있는 사람들이 간혹 있는
데 정작 본인은 그것을 모르는 경우가 대부분이다.
나름 명상에 집중하다보니 미간에 주름이 잡히고 입술에는
힘이 들어가 있는 것이다.
이런 식으로 계속해서 명상을 하다보면 자신도 모르게 명상
만 하면 인상이 굳어버릴 수 있다.
명상과 굳은 얼굴이 조건화되는 것이다.
이렇게 되면 명상도 잘 안 된다.
명상에서 무엇보다 중요한 자세가 '쉰다' 아닌가.

명상 시작할 때 우선 얼굴에 주의를 보내 얼굴 각 부위의 상태를 찬찬히 느껴본다.

그러다보면 자연스럽게 얼굴 근육의 긴장이 풀리고 편안한 얼굴이 된다.

자연스럽게 입술 끝에 살짝 미소를 띠는 것도 좋다.

이렇게 한 다음에 명상에 들어가면 몸과 마음도 그리고 호흡도 편안해질 것이다.

조건자극

얼굴의 감각에 주의를 보내며 자연스럽게 얼굴과 머리의 근육이 이완되도록 한다.

이것을 평소에도 자주 연습해서 얼굴에 주의를 보내는 것이 명상상태를 유발하는 하나의 단서, 즉 조건자극(CS)이 되도록 한다.

배 마음챙김명상

특정한 방식으로 느끼려고 하지 말라.

특히 명상이 잘 된 때의 느낌으로 또 느끼려고 하지 말라.

그 느낌을 찾으려고 하지 말라.

그 느낌을 만들려고 하지 말라.

쉰다.

다 쉰다.

오직 쉰다.

다만 배를 바라보며 '이게 뭐지?!' 하며 과거나 미래가 아닌 지금의 배를 바라보며 잘 느끼도록 한다.

과거나 미래의 배가 아닌 지금의 배를 만난다.

지금의 배를 존중한다.

지금의 배와 친해진다.

지금의 배를 경청한다.

1분 발 마음챙김

잠시 욕구·생각을 쉬고
1분간 발에 주의를 보낸다.

·········

발에서 느껴지는 구체적이고 분명한 감각과 만난다.
발의 위치, 모양, 크기, 피부에서의 감촉, 무게감, 따뜻함, 발
안에서의 느낌, 혈액이 흐르는 느낌, …

·········

문득 여기 이렇게 깨어있고 알아차리며 존재함을 느낀다.

·········

다시 하던 일로 돌아간다.

몸 마음챙김명상: 중력에 주의 보내기

생명, 무생명 할 것 없이 지구상의 모든 존재는 매순간 중력의 영향을 받고 있다.
중력은 지구중심으로 끌어당기는 힘이다.
이 힘은 우리 몸을 통해서 느낄 수 있다.
늘 작용하기 때문에 평소에는 잘 느끼지 못하지만 가만히 주의를 보내면 특정한 감각으로 느낄 수 있다.

먼저 중력은 우리 몸의 무게로 느껴진다.
두 발로 서 있다면 발바닥에서 체중이 느껴진다.
서 있는 방식에 따라 발바닥에서 미세하게 달라지는 감각의 변화를 느낄 수도 있다.
앉아 있을 때는 의자에 닿아있는 엉덩이, 허벅지, 발바닥 등에서 느낄 수 있다.
의자 등받이에 기대고 있다면 등에서도 중력을 느낄 수 있다.
손을 무릎 위에 내려놓고 있다면 손이 닿아있는 곳에서 손과 팔의 무게를 느낄 수 있다.
어깨와 팔의 무게는 겨드랑이 아래에서도 느낄 수 있다.

목과 어깨에서는 머리의 무게를 느낄 수 있다.

허리를 구부정한 상태로 오래 앉아 있다면 중력은 등에서 통증으로도 느껴진다.

신체의 모든 접촉부위에서 중력을 느낄 수 있다.

등과 어깨에서 미세하지만 옷의 무게를 느낄 수 있고 발에서 양말과 신발의 무게를 느낄 수 있다.

윗입술과 아랫입술이 닿아있는 곳에서는 입술의 무게를 느낄 수 있다.

혀의 살집, 무게를 느낄 수 있다.

머리에서는 머리카락의 무게를 느낄 수 있다.

배속의 내부장기에 작용하는 중력 대해서도 주의를 보낼 수 있다.

뿐만 아니라 신체 모든 부위에서 뼈에 의지하고 있는 근육의 무게를 느낄 수 있다.

이마의 얇은 근육, 뺨의 두터운 살집 등을 느낄 수 있다.

이와 같이 신체 각 부위의 두께, 살집을 느껴볼 수 있다.

이렇게 머리끝에서 발끝까지 몸에 주의를 보내며 중력을 느끼다보면 몸에 불필요하게 들어간 힘이 빠지고 적절하게 이완되고 편안해진다.

무엇보다 잡생각이 줄어들며 마음이 평화로워진다.

이러한 과정 속에서 내가 무엇을 하고 있고 무엇을 느끼고 있는지 잘 깨어서 알아차린다.

지하철 마음챙김명상

움직이는 지하철이나 버스에 서 있을 때는 중력뿐만 아니라 빨라지거나 느려지는 가속도에 따른 힘도 작용한다.
매순간 몸의 균형을 잡기 위해 몸의 각 부위의 근육이 번갈아 긴장하고 이완하게 되며 이에 따라 무게중심도 계속해서 이동하며 발바닥에 가해지는 힘에 변화가 일어난다.

움직이는 지하철이나 버스에 서서 갈 때는 중력과 가속도 속에 자연스럽게 균형을 잡는 몸의 작용을 관찰한다.
몸의 각 부위, 특히 발바닥에서 일어나는 감각의 변화를 잘 구경한다.

몸 마음챙김명상: 안내명상 음성파일

https://blog.naver.com/peace_2011/221187365400

몸 마음챙김명상을 안내하는 안내명상을 녹음해서 블로그에 올렸다. 15분 정도 소요되며 자유롭게 다운받아 사용하면 된다.
녹음은 무진어소시에이츠 김병전 대표의 도움으로 이루어졌고 유료 명상 앱 '마음챙김'의 일부로 포함되어 있다.

몸 마음챙김명상도 '쉰다'는 자세로 임한다.
가만히 몸의 각 부위에 주의를 보내며 그곳에서 들려주는 얘기를 경청한다.
틈틈이 듣다보면 몸과 친해진다.
이완에도 도움이 되지만 알아차림을 놓치지 않도록 한다.
차차 익숙해지면 때로 녹음 없이 스스로 진행해 보도록 한다.

(질문) 몸에 대한 마음챙김은 특별히 명상하는 시간에만 하는 건지, 아니면 일상생활을 하면서 하는 건지요?

그리고 인체스캔은 내 몸의 겉모습을 바라보는 건지 아니면 속 모습을 하는 건지요?

(답글) 몸 마음챙김명상은 편한 시간에 수행하시면 됩니다. 녹음멘트를 따라하는 경우에는 그 시간만큼 확보를 해두고 수행하면 되고, 그렇지 않은 경우에는 일상생활에서 짬짬이 몸의 일부만 혹은 전체를 간단히 만나는 것도 좋습니다.

몸 마음챙김명상은 보통 눈을 감고 하지만 뜨고 해도 괜찮습니다. 중요한 것은 '쉰다'는 자세로 몸의 각 부위에 주의를 보내고 그곳에서 느껴지는 감각을 있는 그대로 바라보면 됩니다.

호흡 마음챙김

생각 다스리기

호흡에 집중하며 깨어있는 호흡 마음챙김명상을 하다가 생각에 빠져있었음을 문득 깨달았을 때 여러분은 어떻게 하는가?
'아, 또 생각에 빠졌구나. 나는 명상이 안 되나보다.'
이런 식으로 판단하고 자책하거나 실망하지는 않는가?

또는 '또 생각에 빠졌네. 이번에는 생각에 빠지지 말고 호흡에만 집중해야지.'
이런 식으로 명상을 잘하고자 하는 전의(戰意)를 불태우는가?

후자가 전자보다는 더 나을지 모르지만 기본적으로 마음챙김명상은 무위지위(無爲之爲, Doing of Non-Doing)다.
'오직 할 뿐'의 자세로 한다.

굳이 판단을 하려고 한다면 다음과 같이 하는 것이 낫다.
'오, 생각에 빠진 것을 알아차렸구! 잘했어!'

이런 생각도 생각이나, 명상을 망치게 하는 자책과 실망의 생각을 다스리는 이열치열(以熱治熱), 이이제이(以夷制夷)의 역할을 하는 생각이다.

호흡 마음챙김명상은 호흡에만 집중적으로 주의를 모아 삼매로 가는 것을 목적으로 하지 않는다.
호흡에만 집중하겠다는 것은 일종의 유위(有爲)다.
호흡 마음챙김명상은 단지 생각을 쉬고 지금·여기에 그냥 앉아 깨어있을 뿐이다.
지금·여기에 그냥 앉아 깨어있으니 앉아있음이 느껴지고 몸이 호흡하는 것이 느껴지는 것이다.

그저 앉아있고 호흡하고 있음을 알아차림 한다.
이렇게 고요히 깨어있는 가운데 생각이 일어나면 그 생각을 본다.
이런 때는 그 생각마저 신비하다.
생각의 일어남마저 신비하다.
잔디에 누워 빈 하늘을 바라보다가 날아가는 새 한 마리 보듯 본다.
새는 날아가고 하늘에는 흔적도 없다.

호흡 마음챙김명상

마음챙김명상.

지금·여기에 '머물기'.

지금·여기에 깨어있기.

지금·여기의 의식의 공간에 머문다.

의식공간에 나타나는 것들을 가만히 지켜본다.

다만 과거나 미래, 잡생각에 빠지지 않도록 한다.

지금·여기에 깨어 머물지 못하고 과거나 미래로 생각으로 빠지는 경우가 많다.

그래서 호흡에 주의를 보낸다.

호흡은 바로 지금·여기의 일이니까.

호흡은 지금·여기의 일부라고도 할 수 있지만 지금·여기임에 틀림없다.

호흡에만 주의를 보내고 가만히 어떤 일이 일어나는지만 숨죽이고 바라보듯 관찰한다.

숨 구경을 통한 쉼

명상의 핵심 기능 중의 하나는 쉼이다.
이런 저런 욕구와 생각으로 번거로운 마음을 쉬는 것이다.
욕구·생각 내려놓고 우리 마음의 디폴트(default)상태인 영점-
나(zero-I)를 회복하는 것이다.
영점-나의 고요한 행복과 함께 마음의 에너지를 충전하는
것이다.

호흡 마음챙김명상을 할 때 애쓰지 않는다.
다만 숨이 들어오고 나가는 것을 구경할 뿐이다.
그저 무심히 몸 안으로 숨이 들어오고 또 몸에서 숨이 나가는
것을 지켜보는 것이다.
숨이 들어올 때 몸에서 어떤 일이 일어나는지 가만히 느껴
본다.
숨이 나갈 때 몸에서 어떤 일이 벌어지는지 고요히 느껴본다.

숨은 '내가' 쉬는 것이 아니다.
'숨이' 들어오고 나가는 것이다.

나는 다만 숨이 들어오고 나가는 것을 구경할 뿐이다.

숨이 들어올 때 어떻게 밀고 들어오는지
숨이 나갈 때 어떻게 빠져 나가는지
숨이 들어오고 나가며 내 몸에 일으키는 미세한 감각의 변화
를 매순간 호기심과 함께 지켜본다.

들어오던 숨이 언제 나가기 시작하는지
또 나가던 숨이 언제 다시 들어오기 시작하는지
숨이 바뀌는 순간을 놓치지 않고 바라보는 것도 빼놓을 수 없
는 숨 구경의 관전 포인트다.

영면(永眠)

명상의 핵심은 '쉰다'이다.

명상시간은 나에게 주는 일종의 보상이다.

일을 하고 난 다음이든

여러 사람들과 미팅을 하며 마음의 수고를 많이 한 다음이든

스스로에게 짧은 쉼의 명상시간을 수여한다.

명상으로 쉴 때는 어느 정도로 '쉰다'이냐 하면

타이머로 3분이든, 5분이든. 10분이든 명상시간을 세팅한 다음에는

시간은 타이머에게 맡기고

명상시간 동안은 아무 것도 안 해도 된다고 스스로에게 말해준다.

아무런 생각(특히 후회, 걱정)도 안 해도 된다고 말해준다.

명상시간 동안은 빈둥거리듯이 아무 것도 안 하고 그냥 쉬어도 된다.

하루 중에 이 정도의 시간은 온전히 나를 위해 아무 것도 안 하고 쉴 권리가 있다고 말해준다.

마치 영면(永眠), 즉 일시적인 죽음의 상태에 있다가 온다는 기분으로 임한다.

명상을 하기로 한 시간 동안 영면의 상태에 있다가 온다는 자세로 명상을 한다.

명상시간 동안 나는 영원한 안식을 누리다 온다는 태도로 명상에 든다.

명상시간 동안 나는 모든 삶을 다 마치고 이제 편안한 영면 상태에 들듯이 휴식을 취한다.

내 숨은 얼마나 얕은가?

의외로 숨은 이러해야 한다는 선입관을 갖고 있는 사람들이 많다.

명상할 때 복식호흡을 해야 한다는 생각에 자꾸 배를 넣었다, 뺐다 한다.

호흡은 길어야 좋다고 일부러 길게 쉬려고 한다.

숨이 얕으면 좋지 않다고 의도적으로 깊게 쉬려고 한다.

호흡은 규칙적이어야 한다고 숨의 길이를 조절하려고 한다.

호흡에 대한 이러한 선입관은 부지불식간에 호흡을 통제하게 만든다.

그러다 보면 호흡이 부자연스럽고 답답하게 된다.

숨을 통제하려는 마음을 내려놓는다.

몸이 알아서 숨을 쉬도록 내버려둔다.

다만 몸이 쉬는 숨을 잘 구경한다.

평소에 호흡을 통제하는 것이 습관이 된 사람은 다음과 같이 하면 도움이 된다.

호흡을 깊게 쉬려고 하기 보다는 오히려 숨이 얼마나 얕은지 잘 관찰한다.

또 숨을 길게 쉬려고 하기 보다는 숨이 얼마나 짧은지 잘 관찰한다.

숨을 규칙적으로 쉬려고 하기 보다는 지금 이 순간 숨이 얼마나 불규칙한지 잘 관찰한다.

이렇게 하면 숨이 얕아도, 짧아도, 불규칙해도 마음은 편할 수 있음을 알게 된다.

이런 가운데 몸도 편안해지고 깊어지고, 길어지고, 규칙적으로 된다.

모든 숨에는 그만한 이유가 있다.

숨이 짧든 길든, 얕든 깊든, 불규칙하든 규칙적이든 다 그만한 이유가 있다.

지금 이 순간의 몸을, 몸의 숨을 존중해 준다.

호흡을 통제하려고 하지 말고 다만 숨이 들어오고 나가는 것을 그저 구경한다.

아이가 학교 다녀와서 힘들었던 일을 하소연 하면 이렇게 해라, 저렇게 해라 훈계하지 않는다.

그저 아이의 말을 공감하며 잘 들어준다.

그것만으로도 아이는 마음이 풀리고 언제 그랬냐는 듯 다 잊고 즐겁게 논다.

마찬가지로 몸에게 숨을 이렇게 쉬어라, 저렇게 쉬어라 간섭하지 않는다.

숨은 몸에게 맡기고 다만 구경한다.

(댓글A) 제가 호흡명상을 버거워했던 이유 중에 하나가 호흡이 너무 얕아서 이러면 안되는거 아닌가, 몸에 이상이 있는 건 아닌가 걱정이 되어서 숨쉬는 게 더 답답해지고 더 명상에 집중하기 어려웠던 것 같아요. 교수님 글을 보면서 좀 더 편안한 마음으로 호흡명상을 해볼 수 있을 것 같습니다~! 감사합니다.

(답글A) 잘됐네요! 감사합니다~

(댓글B) 저도 복식호흡이 너무 어려웠어요.
그냥 편안하게 하라고 하시니 너무 좋아요

(답글B) 잘되었네요. 감사합니다.

숨 '쉰다'

명상은 쉬는 것이다.
몸만 쉬는 것이 아니고 마음도 쉬는 것이다.
마음을 쉰다는 것은 욕구·생각을 쉬는 것이다.

쉰다.
들숨 쉰다.
쉰다.
날숨 쉰다.

마음챙김은 깨어있음이다.
마음챙김은 알아차림이다.

들숨 쉰다.
들숨 쉬고 있음을 안다.
날숨 쉰다.
날숨 쉬고 있음을 안다.

숨 쉰다는 뜻의 한자어 식(息)도 쉰다(休)의 뜻을 갖는다.
달마대사의 아래 말씀에 나오는 식(息) 역시 쉰다는 뜻이다.

外息諸緣 內心無喘 心如墻壁 可以入道(외식제연 내심무천 심여장벽
가이입도)

밖으로 모든 인연을 쉬고 안으로 마음에 헐떡거림이 없어서
마음이 담벼락 같으면 도에 들 수 있다.

식(息)은 파자해보면 마음이 자연스러운 상태라고 하겠다.
욕구·생각이 쉬어져서 마음이 번잡하지 않은 상태가 마음의
자연스러운 상태이고 이때 숨도 잘 쉬어진다.
다행히 들어오고 나가는 숨에 가만히 의식을 모아도 욕구·생
각이 쉬어지고 마음이 자연스러워져서 숨도 편안해진다.

배 명상

호흡명상이라고 생각하지 말고 배 명상이라고 생각하고 임한다.
호흡을 관찰하는 것이 아니라 그저 배를 바라보는 것이다.
배를 느껴보는 것이다.
이렇게 임하는 것이 호흡 명상만 하려고 하면 호흡이 답답해지는 사람들에게 도움이 될 수 있다.

컨디션이 다운 될 때 배 명상으로 휴식한다.
배의 감각을 느끼며 쉰다.
자게 되면 자도 좋다.

10번의 호흡 즐기기, 음미하기

종종 10번의 호흡명상 즐기기를 한다.
허리를 바로 세우고 가슴을 쭉 편다.
한 호흡, 한 호흡 숨이 가슴, 배로 들어오는 매순간의 미세한
느낌에 주의를 기울인다.
매 호흡에 집중하며 온전히 즐긴다.

10번의 호흡을 음미한다.
고급 와인을 마시듯
귀하고 맛있는 음식을 맛보듯
몸으로 들어오고 나가는 숨을 음미한다.

몸을 적절히 바르게 세우고
어깨의 힘을 툭 떨어뜨린다.

이제 자연스럽고 편안하게 10번의 호흡을 한다.
호흡은 온전히 몸에게 맡긴다.
다만 날숨 때는 몸이 숨을 내보내고 싶은 만큼 충분히 내보내

도록 허용하고
들숨 때는 몸이 숨을 들여오고 싶은 만큼 충분히 들여오도록
허용한다.

의도적으로 길게 들이쉬고 길게 내보내지 않는다.
숨이 들어올 때는 언제까지 들어오는지 호기심을 가지고 관
찰하고
숨이 나갈 때는 언제까지 나가는지 또한 호기심을 가지고 관
찰한다.

숨이 들어올 때는 들숨의 끝이 어디인지 잘 알아차리고
언제 숨이 나가기 시작하는지 잘 지켜본다.
이와 같이 들숨과 날숨의 멈춤 동안도 잘 음미한다.

숨이 나갈 때는 날숨의 끝이 어디인지 잘 알아차리고
언제 숨이 들어오기 시작하는지 잘 지켜본다.
이와 같이 날숨과 들숨의 멈춤 동안도 잘 음미한다.

자- 이제부터 10번의 호흡을 음미한다.

숨을 한 번 크게 들이쉬었다가

몸 안의 숨을 모두 내보내며 하나–
들어오는 숨을 바라보며 하나–

나가는 숨을 바라보며 둘–
들어오는 숨을 바라보며 둘–

이와 같이 나가고 들어오는 10번의 숨을 음미한다.
마치 턱이 열리고 닫히며 입안에서 맛있는 음식을 즐기듯이
숨이 들어오고 나가며 늘어나고 줄어드는 배안에서 숨의 감
각을 즐긴다.

호흡명상, 호흡마음챙김명상

(1)

호흡을 통제하지 않는다.

건강한 호흡이라고 하는 복식호흡이나 단전호흡을 하려고
할 필요도 없다.

다만 몸이 하는 호흡으로 가만히 잠겨본다.

그곳에 머문다.

(2)

작은 소리를 듣기 위해 숨죽여 귀를 기울이듯이 가만히 몸이
하는 호흡에 주의를 기울인다.

그러면서 내가 그러고 있는 줄 알면 호흡 마음챙김명상을 하
고 있는 것이다.

조금이라도 호흡을 통제, 간섭 하려는 의도가 있다면 알아차
리고 내려놓는다.

호흡에 집중하고 있으면 호흡에 집중하고 있음, 호흡에 집중
하며 앉아있음도 안다(거시 마음챙김).

이때 호흡감각이 어떠한지, 호흡의 길이 등이 어띠한지 잘 안

다(미시 마음챙김).

이때 다른 생각이나 욕구가 있어나면 그것을 잘 알아차리고 호흡으로 돌아온다.

편안한 마음상태가 나타나면 그것을 잘 알아차리며 호흡에 주의를 기울인다.

(3)

가만히 호흡에 주의를 기울일 때 행위 양식(Doing Mode, 욕구추구)에서 존재 양식(Being Mode)로 변환된다.

혹은 이렇게 표현하는 것이 더 적절하다.

가만히 호흡에 주의를 기울일 때 행위 양식에만 꽂혀 있다가 무위 양식(Non-Doing Mode, Observation Mode)을 회복한다고 할 수 있다.

호흡에 주의를 기울일 때 내가 하는 행위에 주의를 기울이는 것이다.

나의 상태에 주의를 기울이는 것이다.

호흡에 집중하려고 애쓰는 것이 아니라 호흡이 어떠한지, 내 몸이 어떻게 호흡을 하고 있는지 관찰에 주의를 기울이는 것이다.

이러한 연습이 나의 호흡뿐만 아니라 나의 욕구, 생각, 감정, 감각 등에 대한 관찰에 주의를 기울이는 연습으로 발전하게 된다.

(4)

고요히 호흡에 집중하며 마음챙김하는 호흡 마음챙김명상을 꾸준히 하면 일상생활에서 간간이 호흡에 주의를 보내는 것만으로 호흡 마음챙김명상의 영점-나 상태에서의 마음챙김을 회복할 수 있다.

호흡에 주의 보내는 것을 마음챙김의 강력한 단서로 삼는다.

호흡에 주의 보내기기를 일상생활 마음챙김의 좋은 방법으로 삼을 수 있다.

게임 하듯이

마음챙김명상을 마치 게임을 하듯이 한다.

내가 아니라 몸이 호흡을 하고 있다.

내가 할 일은 오직 그 호흡을 놓치지 않고 지켜보는 것이다.

'호흡을 숨죽여 지켜보기'를 게임처럼 한다.

'호흡을 놓치지 않고 따라가기'를 게임처럼 한다.

호흡을 통제하지 않는다.

몸의 호흡을 간섭하지 않는다.

몸이 하는 호흡을 최대한 허용하고 지켜본다.

호흡에 주의를 보낸다는 것은 호흡을 통제하거나 간섭하는 것이 아니다.

호흡은 몸이 하는 것이고 나의 의식은, 주의는 매순간의 호흡의 변화를 하나라도 놓치지 않고 잘 따라가는 것이다.

몸의 호흡에 앞서가지 않는다.

호흡을 놓치지 말고 바로 뒤에서 잘 따라간다.

가능하면 호흡에 잠겨 호흡과 주의가, 의식이 하나가 된다.

몸이 하는 호흡을 놓치지 않고 지켜보며 따라가면 나의 호흡을 대상화하기 쉬워진다.

나를 대상화하기도 쉬워진다.

증강 호흡 마음챙김명상(1): 포켓몬고와 증강현실(AR)

온 세상에 '포켓몬고' 열풍이 불고 있다. 포켓몬고는 증강현실(augmented reality, AR)을 이용한 게임이다. 가상현실(virtual reality, VR)에서는 제공되는 환경이 모두 실제환경이 아닌 가상환경이지만 증강현실에서는 현실환경에 필요한 정보가 추가로 제공된다. 예를 들어 증강현실을 제공하는 스마트폰은 현재 내 주변의 환경을 있는 그대로 보여주면서 내가 가고자 하는 식당의 위치와 메뉴 등도 함께 제공해준다.

호흡 마음챙김명상은 호흡을 하며 경험하는 감각을 있는 그대로 관찰하며 깨어있는 훈련이다. '증강 호흡 마음챙김명상'은 기본적인 호흡 마음챙김명상에 약간의 주의를 추가로 기울임으로써 호흡 감각에 대한 주의집중을 높이고 몸의 건강도 증진시킬 수 있는 명상법이다.

호흡을 통해 공기가 들어오는 통로는 기관지고 공기는 폐를 넘어설 수 없지만, 호흡에 따라 공기가 들어오고 나갈 때 흉

곽의 근육과 횡격막에 의해 흉곽과 복부가 확장하고 수축한
다. 이러한 확장과 수축은 몸 전체(특히 몸통)의 세포 하나하나
에 가해지는 압력의 변화를 일으키고 미세하게 위치의 변화
를 가져온다.

호흡과 함께 몸통의 모든 부위에서 매순간 확장하고 수축하
는 압력의 미세한 변화를 우주의 기운인 숨이 들어와서 세포
하나하나의 잠자는 에너지를 깨우는 과정이라고 여기며 관
찰한다. 이러한 여김이 증강현실의 증강처럼 호흡 감각에 새
로운 정보를 추가로 제공해준다.

증강 호흡 마음챙김명상(2)

허리를 바르게 세운다.

필요하면 의자에 등을 기대도 괜찮다.

어깨를 낮춘다.

날숨과 들숨을 관찰한다.

들숨에 '들숨-'

날숨에 '날숨-'하며 들숨과 날숨의 길이를 관찰한다.

호흡을 통제하지 않고 다만 몸이 하는 호흡을 있는 그대로 관찰한다.

숨이 배 속 깊이까지 안 들어가고 얕아도 지금의 호흡 그대로 잘 관찰한다.

쉰다, 즐긴다, 음미한다의 마음으로 매번의 숨을 관찰한다.

쉰다의 자세로 매번의 들어오고 나가는 숨을 음미하고 즐긴다는 기분으로 관찰한다.

아끼는 고급 와인을 음미하듯이 한 호흡, 한 호흡 들어오고 나가는 숨을 한 순간도 놓침 없이 온전히 느끼고 즐기며 관찰한다.

와인을 마시듯 들어오는 숨을 몸 안에서 온전히 음미한다.

와인을 마시듯 나가는 숨을 몸 안에서 온전히 음미한다.

들어오고 나가는 숨을 마치 우주의 감로수(甘露水), 우주의 기운을 마시고 흡수하듯이 한다.

우주의 감로수를 마시듯 들어오는 숨을 몸 안에서 온전히 음미한다.

우주의 감로수를 마시듯 나가는 숨을 몸 안에서 온전히 음미한다.

내 몸을 살리는 숨.

호흡과 함께 우주의 생명수가 내 몸을 적시며 들어와 흡수된다.

가능하면 모든 과정에서 관찰하는 나를 느껴본다.

한 번에 긴 시간을 명상하기보다 3분, 5분이라도 하루 중에 짬짬이 자주 명상한다.

호흡 마음챙김명상으로 온전하고 달콤하게 휴식하는 재충전의 시간, 동시에 깨어있음을 연습하는 시간을 즐긴다.

호흡 마음챙김명상의 안내명상(4개의 음성파일)

https://blog.naver.com/peace_2011/221191951561

호흡 마음챙김명상을 안내하는 4개의 안내명상을 녹음했다.
녹음은 무진어소시에이츠 김병전 대표의 도움으로 이루어졌
고 유료 명상 앱 '마음챙김'의 일부로 포함되어 있다.

각 안내 명상은 5분 정도 소요된다.

각 안내명상은 2분 정도의 안내멘트 후에 3분 정도 스스로 호
흡 마음챙김명상을 진행하고 마지막은 자비기원과 함께 마
치게 되어 있다.

각 안내명상의 안내멘트는 호흡 마음챙김명상에 도움이 되
는 공통 멘트와 서로 다른 멘트로 구성되어 있다.

한 번에 5분 정도 명상을 하며 명상할 때마다 매번 다른 버전
의 안내멘트를 사용해서 자연스럽게 호흡 마음챙김명상의
방법이 몸에 익도록 한다.

차차 익숙해지면 녹음 없이 스스로 진행해 보도록 한다.

끝으로 명상을 할 때 잊지 말아야 할 것은 기본적으로 '쉰다'
의 자세로 임한다는 것이다.

1) 호흡마음챙김명상1 – 구경하듯지켜보기
2) 호흡마음챙김명상2 – 변화바라보기
3) 호흡마음챙김명상3 – 내려놓기
4) 호흡마음챙김명상4 – 시작과끝알아차리기

일상생활 마음챙김

짬 마음챙김

엘리베이터가 올라갔다.

그냥 서있다.

호흡하고 있다.

단지 서서 호흡하는 존재일 뿐이다.

이렇게 살아있고 깨어있고 존재함을 온전히 느낀다.

그것뿐이다.

스마트폰 마음챙김

스마트폰을 사용할 때 무의식적이고 자동적으로 하지 않는다.

스마트폰을 사용하려고 할 때 사용하려고 하는 의도를 분명히 마음챙김한다.

스마트폰을 쥐고 그 감촉을 느낀다.

스마트폰을 들어가기 위해 잠금 상태를 푸는 암호를 그릴 때 그것을 분명히 알아차린다.

하나하나 누르고 칠 때마다 그러고 있음을 명백하게 알아차리며 한다.

스마트폰을 사용하며 경험되는 욕구, 생각, 감정, 감각(몸) 등을 잘 알아차린다.

스마트폰을 마칠 때 마치려는 의도를 분명하게 알고 마친다.

마치는 행위도 있는 그대로 알아차린다.

지하철 승강장 마음챙김

일상생활에서 생각이 필요 없는 경우에는 가급적 생각을 내려놓고 지금 하는 행위, 경험되는 감각에 주의를 보낸다.
지하철 스크린도어가 코앞에서 닫히고 전동차는 떠나갔다.
순간 안타까운 마음이 들 때 그 마음을 알아차림 하고 그냥 지금·여기에서의 나로 돌아온다.
문득 호흡하고 있는 나, 서 있는 나를 자각한다.
그것뿐이다.

생각을 내려놓는다는 점에서 명상이다.
지금·여기를 나를 자각한다는 점에서 마음챙김이다.

'이게 뭐지?!'

부정정서를 경험할 때 그것을 알아차리고 그것에 대해서 관심을 가지고 '이게 뭐지?!' 하고 있는 그대로 관찰한다.
이때 경험되는 것을 덩어리로 보지 않고 낱낱이 해체한다.
욕구는 욕구대로
생각은 생각대로
감정은 감정대로
감각은 감각대로
나눠서 본다.

마음챙김은 지금의 경험을 해체하는 연습이기도 하다.
거대한 괴물을 자세히 보니, 해체해서 보니
깡통으로 만든 깡통 괴물이었을 수도 있다.

생각 마음챙김

생각이 진행되도록 허용한다.
다만 생각의 진행 속에 있지 말고
생각 밖에서 생각의 진행을 바라본다.
구름 속에 갇혀있지 말고
구름 밖에서 하늘이 되어 구름을 바라본다.
가없는 하늘이 되어 '위에서' 내려다보듯이 구름을 본다.

화 마음챙김

화의 상태에서 화가 어디에 어떻게 있는지 상세하게 관찰한다.
주의가 몸으로 가면서 화의 연료인 생각이 줄어든다.
몸에서 화를 관찰하는 과정 속에 화가 사라진다.

불편함 마음챙김

불편함이 있을 때,
그것이 몸의 불편함이든 마음의 불편함이든,
그 불편함 속으로 가만히 잠겨본다.
온전히 경험한다.
그럴 때 풀리기 시작한다.

일상생활의 마음챙김

우리는 보통 내 마음'에서' 세상을 본다.
마음챙김 할 때 우리는 내 마음'을' 본다.
그것도 이런저런 판단이나 평가 없이 있는 그대로 본다.
또한 과거의 마음이 아니라 지금·여기에서의 마음을 본다.

우리는 보통 나를 보기보다는 밖을 본다.
마트 계산대의 긴 줄 앞에서 짜증을 낼 때 앞에 늘어선 사람들은 봐도 짜증을 내는 자신을 보는 경우는 드물다.

우리가 보는 세상은 상당부분 우리의 마음이 투사되어 있다.
우리가 경험하는 세상은 세상보다도 우리의 마음에 대해 더 많은 것을 알려준다.

마트 계산대 앞의 긴 줄 자체가 우리를 짜증나게 하는 것은 아니다.
기다리는 것을 싫어하는 마음이 없다면 눈앞에 사람들이 길게 줄을 서고 있다고 짜증이 나지는 않는다.

종종 우리는 나 자신을 보기도 하지만 대체로 있는 그대로 보기보다는 판단하고 평가하는 방식으로 본다.

어머니가 아이에게 화를 낸 다음에 화를 낸 자신을 비난하고 후회할 때 자신을 보기는 했으나 있는 그대로 본 것은 아니다.

아이에게 화를 낸 후 스스로를 자책하는 어머니는 과거의의 마음을 본 것이다.

아이에게 화를 낼 때 그 순간 화를 내는 마음을 있는 그대로 보는 것이 마음챙김이다.

마음챙김은 나를 객관적으로 보게 해준다.

세상(다른 사람, 사물, 사건)을 경험할 때 그 경험에 관여하는 나를 돌아본다.

또한 나를 경험할 때도 그 경험에 관여하는 나를 바라본다.

세상과 나를 판단하고 평가할 때 그러는 나에 대해서 알아차린다.

우리는 평가하고 판단하는 줄도 모르는 채 세상과 나에 대해 평가하고 판단하고 있다.

마음챙김 하지 못할 때 세상과 나 자신을 비난하고 미워하고 원망하며 세월을 보내게 된다.

남탓에 치우칠 때 세상에 대한 분노를 피하기 어렵다.
내탓에 치우칠 때 나에 대한 분노는 우울로 나타난다.

붓다는 두 번째 화살을 맞지 말라고 했다.
살면서 누구나 첫 번째 화살을 맞을 수 있다.
살면서 누구나 고통을 경험할 때가 있다.
그러나 그때 받아들이지 못하고 남탓이나 내탓을 할 때 두 번째 화살을 맞게 된다.
두 번째 화살은 스스로 자기 자신에게 쏘는 화살이다.
두 번째 화살은 스스로 만들어내는 2차 고통이다.

남탓, 내탓은 모두 양변(兩邊)에 떨어지는 것이다.
마음챙김은 있는 그대로 나를 바라보는 것이다.
마음챙김은 남탓도, 내탓도 아닌 제3의 길이다.

마음챙김은 마음의 기술이다.
자꾸 연습을 해야 양성되는 기술이다.
마음챙김은 명상과 함께 훈련하면 좋다.
명상은 욕구와 생각을 쉬고 마음을 고요히 하는 연습이다.

안 하려고 하면 더 떠오르는 것이 욕구·생각이나.

그래서 명상에서는 욕구·생각을 쉬는 방편으로 욕구·생각과 무관한 감각에 주의를 보낸다.

보통 언제 어디서나 우리와 함께 하는 호흡감각을 주의의 대상으로 삼는다.

살아있는 사람은 누구나 호흡을 한다.

그 호흡에 가만히 주의를 기울이는 것이다.

호흡에 간여하지는 않는다.

호흡은 몸에게 맡긴다.

다만 몸이 하는 호흡을 가만히 지켜본다.

숨이 들어오고 나갈 때 몸에서 느껴지는 감각을 느껴본다.

가슴이나 배가 확장되고 수축되는 느낌

배속의 압력이 늘어나고 줄어드는 느낌

이러한 느낌을 매순간 놓치지 않고 잘 관찰한다.

호흡을 관찰하는 동안 욕구·생각이 나타나면 있는 그대로 알아차리고 다시 호흡으로 돌아온다.

또 나타나면 또 알아차리고 다시 호흡으로 돌아온다.

호흡을 자꾸 놓친다고 스스로를 비난하고 있다면 그것도 잘 알아차리고 다시 호흡으로 돌아온다.

호흡이 아닌 것들과 다투지 않는다.

그저 내버려둔다(let-it-be).

다만 호흡에 주의를 보낼 뿐이다.

이와 같이 호흡에 주의를 집중하며 호흡감각을 잘 알아차리고 자신이 앉아서 호흡하고 있음도 잘 알아차린다.

호흡 마음챙김명상은 호흡에만 집중적으로 주의를 모아 삼매로 가는 것을 목적으로 하지 않는다.

호흡 마음챙김명상은 단지 욕구·생각을 쉬고 지금·여기에 그냥 앉아 깨어있을 뿐이다.

지금·여기에 그냥 앉아 깨어있으니 앉아있음이 느껴지고 몸이 호흡하는 것이 느껴지는 것이다.

그저 앉아있고 호흡하고 있음을 알아차린다.

이렇게 고요히 깨어있는 가운데 욕구·생각이 일어나면 그 욕구·생각을 본다.

이런 때는 그 욕구·생각마저 신비하다.

욕구·생각의 일어남마저 신비하다.

잔디에 누워 빈 하늘을 바라보다가 날아가는 새 한 마리 보듯 본다.

새는 날아가고 하늘에는 흔적도 없다.

10초 마음챙김

일상생활에서의 마음챙김은 쉽지 않다.

특히 강한 정서가 일어나는 경우에는 마음챙김이 더 어렵다.

일어나는 정서가 강하면 강할수록 우리의 의식은 그 정서 안에 매몰되고 그 정서와 관련된 특정한 사고방식(인지)과 행동방식이 자동적으로 작동한다.

이런 때는 마음의 현상을 바라볼 여력이 거의 남아 있지 않다.

강한 정서가 올라올 때 10초만, 10초만 마음챙김한다.

10초만 떨어져서 바라본다.

10초만 그때의 마음이 어떤 마음인지 자세히 바라본다.

컴퓨터를 하다가 컴퓨터의 반응이 늦을 때 짜증이 올라온다면, 그때가 수행의 아주 좋은 타이밍이다!

답답해하거나 짜증내거나 손가락으로 책상을 두드리며 주의분산을 하기보다는 바로 그때 마음을 본다.

무엇이 경험되고 있는지 본다.

지금의 정서는 어떤 정서인가?

어떤 감각이 느껴지는가?

뒷목에서 무엇이 치미는 느낌이 있는가?

어깨가 딱딱해지는가?

그 감각을 주시한다.

어떤 생각(인지)이 왔다갔다 하는가?

'이놈의 컴퓨터 느려 터져서는... 바꾼 지 얼마 되었다고!'

'바빠 죽겠는데 왜 이렇게 느려!'

어떤 생각들이 꼬리를 물고 일어나는지 자세히 관찰한다.

어떤 욕구(동기)가 깔려있는가?

'일을 빨리 해내야지.'

'컴퓨터는 빨라야해.'

'컴퓨터를 다시 새로 구입할까?'

어떤 욕구가 관여하고 있는지 가만히 바라본다.

가까운 사람과의 인간관계에서 일어나는 강한 정서의 경우에도 마음챙김의 훌륭한 소재이다.

아내나 남편 혹은 자녀의 특정한 행동이나 말에 특정한 정서(분노, 짜증, 불안, 우울 등)가 강하게 발생한다면 습관적인 반응을 멈추고 그때의 마음을 마음챙김한다.

어떤 정서가 느껴지는가?

어떤 감각이 느껴지는가?

어떤 생각이 오고가는가?

어떤 욕구가 작용하고 있는가?

10초만이라도 마음챙김한다.

10초만이라도 습관적 반응을 멈추고 마음을 떨어져서 바라본다.

10초만이라고 마음'에서' 세상을 보지 말고 마음'을' 본다.

명칭부여: 중계방송

마음챙김을 지도할 때 다음과 같이 멘트를 하는 것도 좋다.
"나를 중계방송 해보자. 내가 경험하는 것들을 중계방송 해보자."
중계방송의 예를 들어보면, '앉아있다. 숨 쉬고 있다. 듣고 있다. 생각하고 있다. 등등'
이보다 더 짧은 단어로 나타내도 된다.

쉰다!
몸의 긴장을 내려놓으며 이완과 함께 몸의 휴식을 하듯이 욕구·생각을 내려놓고 휴식한다.
그러면서 나를 관찰한다.
'중계방송'한다.
이런 저런 생각이 올라올 수 있다.
그러면 알아차리고 중계방송 한 다음 다시 쉰다.
그리고 쉬는 상태에서 나를 관찰하며 중계방송 한다.

명칭부여: 잊지 않음

마음챙김의 원어인 sati에는 주의뿐만 아니라 기억의 뜻이
있다.

잊지 않는다.

내가 지금 여기에 앉아있음을 잊지 않는다.

'앉아있음'이라고 반복한다.

내가 지금·여기에 살아있음, 깨어있음, 앉아있음, 숨 쉬고 있
음을 알아차리고 놓치지 않는 것이다.

의식에서 놓치지 않는 것이 기억이다.

이 기억은 작업기억이다.

주의를 주는 것이 작업기억에 남는다.

내가 어떤 상태이고 무엇을 하고 있는지에 주의를 보내고 그
것을 유지하는 것이다.

체계적 마음챙김

체계적 마음챙김은 마음을 바라봄에 있어서 특별히 관심을 갖는 마음에 초점을 두고 관찰하는 것이다.

예를 들면, 우리가 경험하는 많은 스트레스의 뒤에는 '내 뜻대로 되어야 한다.'는 욕구가 깔려있다.

스트레스를 경험할 때 '내 뜻대로 되어야 한다.'는 욕구가 있는지 관찰하면 그 욕구를 더 빠르게 볼 수 있고 그 마음을 내려놓기가 좀 더 쉬워진다.

평소에도 간간이 이런 마음이 있는지를 모니터링 하는 것도 좋다.

모니터링 마음챙김

모니터링 마음챙김은 체계적 마음챙김에 속한다.
관리하고자 하는 부정적 마음상태를 모니터링 할 수도 있지만 긍정심리와 관련지어 긍정의 마음상태를 모니터링 할 수도 있다.
다음과 같이 마음의 공간에 모니터링 할 긍정의 마음들이 잘 자리 잡고 있는지 확인하는 마음챙김은 추천할 만 하다.

마음에 자비심이 있는가.
사람들을 따뜻하고 친절하게 대하는 마음이 있는가.
관대함이 있는가.

마음에 이해심이 있는가.
어떤 상황도 긍정적으로 해석하고자 하는 마음이 있는가.
남탓하지 않고 나의 성장을 위한 선물로 받아들이고자 하는 마음이 있는가.

마음에 유머의 마음이 있는가,

나 자신에 때해 또는 사람들과의 상호작용에서 서로를 즐겁게 할 유머를 만들어내고 하는 마음이 있는가.

마음에 겸손함이 있는가.
직접 만나든 SNS로 만나든 만나는 사람들을 존중하는 마음이 있는가.

이러한 긍정적인 것들에도 집착하지 않는 초연한 마음이 있는가.

회피 vs. 직면 그리고 지금·여기

머리가 아플 때 머리에 주의를 보내며 있는 그대로의 통증을 바라보기.

만약 있는 그대로 바라볼 정도의 마음챙김의 내공이 충분하지 않다면 주의를 돌리는 것도 나쁘지 않다.

주의를 돌리는 것도 다른 음악이나 소설 등으로 주의를 돌리는 방법도 있지만,

자신의 몸의 다른 부위(예: 발)에 주의를 돌리는 방법도 있다.

이것은 아픈 부위로부터는 떠나는지 몰라도 지금·여기를 떠나는 것은 아니다.

여전히 지금·여기의 몸에 주의를 보내는 것이다.

지금·여기의 몸에서 느낄 수 있는 다양한 대상에 공평하게 주의를 보내는 것이라고도 할 수 있다.

지금·여기의 주변 환경으로부터 경험되는 감각에 주의를 보내는 것도 좋다.

불편 마음챙김

몸이 불편한 듯 할 때 피하지 말고 곧바로 몸을 가만히 바라보는 몸 명상을 한다.

몸 어느 부위에 어떤 모습으로 불편한지를 가만히 약간의 호기심을 가지고 바라본다.

몸에 대한 관찰을 하게 될 뿐만 아니라 몸과 마음이 편안해지는 것을 경험하게 된다.

아울러 이때도 슬쩍 마음챙김을 함께 한다.

건포도 명상은 마음챙김명상이 아닐 수 있다

건포도 명상은 MBSR(마음챙김에 기반한 스트레스 감소, Mindfulness Based Stress Reduction) 프로그램의 도입 부분에서 많이 사용하는 명상이다.

건포도 명상에서는 건포도와 관련된 기존의 선입견이나 건포도에 대한 욕구를 내려놓고 건포도에 온전하게 순수한 주의(bare attention)를 보내며 있는 그대로의 모양, 색깔, 소리, 냄새, 촉감, 맛 등을 경험하게 된다. 건포도를 싫어하던 사람도 의외로 건포도의 맛이 좋다고 느끼게 되기도 하고, 평소에 건포도를 먹던 사람도 평소와는 다른 다양한 맛을 음미하게 되기도 한다. 이러한 신선한 체험이 MBSR 프로그램에 호의적으로 만들고 열심히 수행하도록 하는 동기유발요인이 되기도 한다.

건포도 명상의 이러한 효과는 순수한 주의의 효과다. 순수한 상위주의(bare meta-attention)의 마음챙김 효과는 아니다. 건포도 명상을 하면서 건포도의 맛을 포함해서 건포도와 관련된 다양한 감각을 있는 그대로 경험하고 있지만 그러한 감각을 경험하고 있음에 대한 순수한 자각이 없다면, 건포도를 먹는 행위를 하고 있음에 대한 순수한 자각이 없다면, 마음챙김명상이 아니라 감각에 주의를 기울이는 명상 수행을 하고 있는 것이다.

명상은 그 자체로 훌륭하다. 집중력을 키워주고 마음의 평화를 주며 심신의 치유효과를 가져온다. 그러나 명상을 하면서 마음챙김을 유지하지 못한다면 마음챙김명상은 아니다.

마음챙김의 핵심요소는 반조(反照)다. 즉, 자신을 돌아보며 자신의 몸과 마음의 상태와 하는 일을 분명하게 자각하는 것이다.

건포도 마음챙김

건포도의 맛을 느끼는 것이 마음챙김이 아니다.

내가 건포도의 맛을 느끼고 있음을 아는 것이 마음챙김이다.

내가 건포도를 먹고 있음을 아는 것이 마음챙김이다.

내 의식에 이런 맛이 나타났음을 아는 것이 마음챙김이다.

그 맛을 느끼며 이런 저런 생각이나 욕구, 감정 등이 일어났
다면 그것들이 나타났음을 아는 것이 마음챙김이다.

먹기 집중명상 vs. 먹기 마음챙김명상

먹기 집중명상

밥 먹을 때는 밥 먹는 나만 있다.

할일 걱정하는 나는 없다.

지난 일을 후회하는 나도 없다.

먹기 마음챙김명상

밥 먹을 때는 밥 먹는 나만 있다.

할일 걱정하는 나는 없다.

지난 일을 후회하는 나도 없다.

다만 말없이 알아차리는 내가 함께 한다.

'고독한 미식가'와 마음챙김명상

쿠스미 마사유키(久住昌之, 1958-)와 다니구치 지로 (谷口 ジロー, 1947-2017)의 만화 '고독한 미식가'는 드라마로도 제작되어 많은 사람들의 사랑을 받고 있다. 내용이 특별하지는 않다. 그냥 주인공 이노가시라 고로가 음식점에서 음식을 맛있게 먹는 '먹방'이라고도 할 수 있다. 그러나 드라마로 보면 고로 역을 맡은 배우 마츠시게 유타카(松重 豐)의 먹는 연기가 일품이고 맛있게 먹으며 속말로 나오는 대사가 화려하다.

주인공 고로는 먹을 때 정말 집중해서 먹는다. 다른 생각은 하지 않고 오로지 음식과 하나가 되어 온전히 즐긴다. 그러나 마음챙김을 하고 있는 것 같지는 않다. 자신이 어떤 맛을 느끼고 있음을 떨어져 보거나 즐거워하고 있음을 알아차리거나 스스로 먹고 있음을 자각하고 있는 것으로 보이지는 않기 때문이다.

그러면 주인공 고로는 음식에만 집중하며 먹기 명상을 하고 있는 걸까? 그렇게 보일 수 있다. 그러나 엄밀하게 말하면 그는 먹기 명상을 하고 있다고 할 수는 없다. 왜냐하면 그가 음식을 먹을 때 음식에 대한 욕구가 강하게 작용하는 것으로 보이기 때문이다. 탐닉이라고 보일 정도로 음식을 즐긴다. 그가 그렇게 맛있게 음식을 먹을 때 누군가 먹는 것을 방해하거나 뺏어간다면 필시 대단히 분노할 것이다. 그렇다면 그것은 그가 매우 강한 욕구 상태에 있음을 의미한다. 또한 그의 식사가 먹기 명상이 되기 어려운 이유는 비록 속으로지만 먹으며 말이 매우 많다는 것이다. 음식을 음식으로 그냥 먹는 것이 아니라 생각이 매우 현란하게 작용하고 있는 것이다.

그가 먹는 방식이 잘못됐다는 의미는 전혀 아니다. 그럴 의도로 이 글을 쓰는 것은 아니다. 다만 그의 먹는 방식과의 비교를 통해 먹기 명상과 마음챙김에 대한 이해가 밝아지기를 바라는 마음이고, 또 그의 먹는 방식과 비교함으로써 명상과 마음챙김을 조금 더 잘 이해할 수 있기를 바라는 마음이다.

마음챙김명상과 오토파일럿(autopilot)

일반적으로 마음챙김 혹은 마음챙김명상을 설명할 때 우리의 평소 행동방식인 오토파일럿(autopilot, 자동조정장치) 상태와 대비시킨다. 일상생활에서 우리는 뚜렷한 의식 없이 자동적으로 행동하는 경우가 많은데, 마음챙김을 하면 우리 자신이 무엇을 하는지에 대해 분명한 자각을 하게 된다는 것이다. 마음챙김을 할 때, 우리는 음식을 먹을 때도 무엇을 먹고 있고, 어떻게 먹고 있고, 어떤 맛을 느끼고 있는지 명료하게 알아차린다. 반면에 우리는 특별한 경우가 아니라면 TV, 신문, 스마트폰을 보며 먹거나, 사람들과 담소를 나누며 먹기 때문에 무엇을 어떻게 먹고 있는지 무슨 맛인지 제대로 알아차리지 못한다. 무의식적으로 먹고 있을 뿐이다.

마음챙김이 우리 자신에 대한 객관적 관찰이라고 할 때 마음챙김 상태는 오토파일럿 상태와 정반대임이 맞다. 그러나 그렇다고 마음챙김을 할 때 의식적으로 평소와 다르게 행동해야 되는 것은 아니다. 역설적으로 마음챙김, 특히 명상을 하며 마음챙김을 할 때 우리 몸은 철저하게 오토파일럿 상태에 두는 것이 좋다. 다시 말해 마음챙김명상을 할 때 가급적 온전하게 기계가 되는 것이다. 미리 프로그램 된 대로 작동하는 오토파일럿 상태처럼 우리 몸이 알아서 행위 하도록 내버려두며 결코 간섭하지 않는다.

행위 마음챙김명상을 할 때 우리는 생각을 내려놓고 주의를 온전히 우리 자신이 하는 행위에 보낸다. 이때 행위를 하는 우리의 몸이 철저하게 오토파일럿 상태가 되도록 허용한다. 행동에 전혀 의식의 개입이 없도록 하며 어떠한 간섭도 하지 않는다. 걸을 때는 온전히 몸이 알아서 걷도록 한다. 걸을 때 몸은 그저 걷는 기계다. 다만 몸이 걷는 것을 안으로 밖으로 잘 관찰한다. 한 걸음, 한 걸음 매순간의 걸음을 음미하며 마음챙김 한다. 그뿐이다. 다른 행위에 대해서도 마찬가지다.

호흡 마음챙김명상을 할 때도 몸이 알아서 호흡하도록 오토파일럿 상태로 둔다. 몸이 그저 숨 쉬는 오토마타(automata), 자동기계가 되도록 허용한다. 숨을 깊게 쉬려고 하거나 길게 쉬려고 하지 않는다. 몸이 하는 호흡에 어떠한 간섭도 하지 않는다. 나는 다만 몸이 하는 호흡을 놓치지 않고 안으로 밖으로 잘 알아차릴 뿐이다. 한 호흡, 한 호흡 매순간의 호흡을 음미하며 마음챙김 한다. 그뿐이다.

엘렌 랭어(Ellen Langer) 교수의 마음챙김은
마음챙김명상의 마음챙김이 아니다

엘렌 랭어(Ellen Langer) 교수의 마음챙김(mindfulness)은 용어는 갖은 마음챙김이지만 불교에 뿌리를 두고 있고 명상이나 수행적 맥락에서 사용하는 마음챙김은 아니다. 이것은 랭어 교수도 자신의 책에서 분명히 하고 있다. 물론 랭어 교수의 마음챙김이 수행의 마음챙김과 관련은 있다. 그러다 보니 분명한 구분 없이 그냥 수행적 맥락에서의 마음챙김과 섞여서 사용되는 경우가 종종 있다. 2004년도에 발표한 논문 [김정호 (2004). 마음챙김이란 무엇인가: 마음챙김의 임상적 및 일상적 적용을 위한 제언. 한국심리학회지: 건강, 9(2), 511-538.]에서 이 부분에 대해 언급한 부분(김정호, 2004, pp.526-527)이 있어 소개해본다.

한편 불교적 마음챙김과는 다른 맥락에서 제시되고 적용되는 마음챙김도 있다. 이러한 마음챙김은 하버드 대학의 Ellen Langer(1989, 1997)에 의해 제안된 것으로, 일반적으로 3가지 특성을 포함하는 개념이다.

1) 새로운 범주의 끊임없는 창조(continuous creation of new categories)

2) 새로운 정보에 대한 열린 자세(openness to new information)

3) 다양한 조망에 대한 알아차림(awareness of more than one perspective)

조금 더 상세히 기술할 때는 마음챙김을 다음과 같이 5가지로 표현하기도 한다:

1) 새로운 것에 대한 열린 자세(openness to novelty)

2) 차이에 대한 깨어있음(alertness to distinction)

3) 서로 다른 맥락에 대한 민감성(sensitivity to different contexts)

4) 다양한 조망에 대한 알아차림(implicit, if not explicit, awareness of multiple perspectives)

5) 현재에 대한 지향(orientation in the present)

Langer의 마음챙김(앞으로 불교적 기원을 두는 마음챙김과 구분하기 위해 'Langer식 마음챙김'이라고 부르기로 함) 역시 신체적 및 심리적 웰빙(well-being)에 긍정적 영향을 주는 것으로 보고되고 있다(Langer & Rodin, 1976).

Langer 스스로도 자신의 마음챙김을 불교적 기원을 두는 마음챙김과 다르다고 밝히고 있고, Bishop 등(in press)도 그 차이를 분명히 하고 있다. 그러나, 실제로는 두 개의 마음챙김이 서로 관련이 되고 있으며, 임상장면에서도 차이를 두지 않고 바꿔가며 사용하거나 함께 적용하는 경우도 있다(Horton-Deutsch & Horton, 2003; Singh 등, 2002).

두 마음챙김 간에 차이가 있기는 하지만, 구성하는 특징에 있어서 서로 공유되는 바도 크다. 특히 두 마음챙김 모두 자신의 경험을 기존의 선입관(혹은 범주)으로 습관적으로 판단하지 않고 매 경험을 열린 자세로 바라보는 것은 두 마음챙김의 공통점이라고 할 수 있다.

중독과 마음챙김명상

(1) 중독의 심리적 기제

일상생활에서 몸과 마음의 한 부분만을 과도하게 사용하는 데서 오는 스트레스의 경우에는 다른 부위의 몸과 마음을 사용함으로써 기분전환을 얻고 스트레스를 풀 수 있다. 그러나 마주하고 극복해야 하는 괴로운 현실(공부, 시험, 취업, 일, 인간관계, 외로움, 상실 등)로부터 도피하고 회피하기 위한 수단으로 특정한 자극대상을 추구하는 행동을 하게 되면 자칫 그 행동이 중독행동으로 발전할 수 있다.

중독에는 다양한 유형이 있다. 도박, 인터넷 게임, SNS, 포르노, 섹스, 술, 담배, 약물, 음식, 쇼핑, 스포츠 등 다양한 자극대상에 중독될 수 있다. 처음에는 중독행동이 고통스러운 현실에서 오는 고통을 감소 또는 제거함으로써 오는 부적 강화(negative reinforcement)와 중독행동 자체의 쾌감인 정적 강화(positive reinforcement)를 획득하고자 하는 접근동기에 의해 중독행동을 하게 된다.

그러나 나중에는 중독행동을 하지 않을 때 나타나는 불안, 초조 등 금단증상이라는 새로운 고통에 직면하게 되고 그 고통으로부터 벗어나려는 회피동기에 의해 중독행동을 하게 된다. 이렇게 되면 고통을 피하기 위해 한 행동으로 인해 더 많은 고통을 받게 된다. 원래의 고통도 해결되지 않은 채 그대로 있고, 중독행동으로 인해 일상생활의 일과 인간관계가 손상됨으로써 발생하는 고통이 생겼으며, 금단증상의 고통까지 추가된 것이다. 거기에다 중독행동에서 벗어나지 못하는 자기 자신에 대한 자책, 혐오감 등은 또 다시 추가되는 고통이다.

(2) 마음챙김명상의 중독치료

많은 연구에서 다양한 중독의 치료에 마음챙김명상이 효과적임이 보고되고 있다. 마음챙김명상은 다음과 같은 방식으로 중독으로부터 벗어나는데 도움을 준다.

중독행동에 대한 알아차림: 마음챙김을 연습하면 몸과 마음이 중독행동을 하고자 하는 상태에 들어갈 때 마음에서 일어나는 욕구, 생각, 감정 그리고 몸의 특정부위에서 나타나는 감각을 잘 알아차릴 수 있게 된다. 이렇게 되면 부지불식간에 중독행동을 하게 되는 빈도가 감소하게 된다.

중독과 새로운 관계 맺기: 생각은 안 하려고 하면 더 떠오른다. 정신역설효과(mental irony effect) 때문이다. 욕구·생각이 올라올 때 가능한 한 있는 그대로 바라보는 연습을 한다. 중독행동의 욕구·생각을 쫓아가지도 않는다. 쫓아내려고 하지도 않는다. 단지 그때의 몸과 마음의 상태를 있는 그대로 직면하고 관찰한다. 약간의 호기심을 가지고 관찰하면 더 좋다. 이러한 훈련은 중독의 금단상태를 지켜볼 수 있는 인내력(tolerance)을 증진시킴으로써 금단상태로부터의 회피동기를 감소시켜주고, 결과적으로 중독행동의 감소를 가져온다.

중독행동에 따른 경험의 변화: 마음챙김명상을 중독의 치료에 적용할 때 중독행동을 절대적으로 금지하지 않는다. 중독의 욕구·생각이 올라왔을 때 그것을 바라봐도 중독행동의 충동이 상대적으로 더 클 때는 중독행동을 허용하되 최대한 마음챙김과 함께 수행하도록 한다. 폭식행동에 중독되었다면 음식을 폭식하려는 충동을 잘 관찰하고 음식을 먹되 정신을 놓지 않고 먹는 과정 전체를 낱낱이 관찰하며 먹는다. 이렇게 하면 중독행동이 평소와 달라지게 되고 평소에 중독행동을 할 때와는 다른 경험을 하게 된다. 중독행동이 가져오는 경험이 그전보다 덜 보상적으로 느껴질 수 있게 되고 중동행동에 대한 통제감이 증가하게 된다.

중독행동에 대한 대안적인 긍정적 행동의 제공: 중독상태에 대한 마음챙김과 함께 호흡 마음챙김명상, 몸 마음챙김명상, 우두커니 마음챙김명상, 행위 마음챙김명상과 같은 마음챙김명상을 연습하면 마음챙김명상이 중독행동에 대한 대안적 행동이 될 수 있다. 마음챙김명상이 가져다주는 마음의 평화와 잔잔한 기쁨, 자족감은 일상생활에서 중독행동에 대한 대안적 행동으로 마음챙김명상을 수행하게 해준다. 결과적으로 중독행동은 감소하게 된다.

(3) 마음챙김명상의 중독예방

평소 마음챙김을 수행한다면 살면서 만나게 되는 고통으로부터 도피하거나 회피하려는 자신을 잘 알아차림 하게 되고 고통스러운 상태를 직면하는데 도움을 얻게 된다. 또 호흡 마음챙김명상, 몸 마음챙김명상, 우두커니 마음챙김명상, 행위 마음챙김명상 등의 연습은 힘든 상황에서 자칫 중독으로 갈 수 있는 행동에 대안적인 행동이 되어준다. 무엇보다 마음챙김명상을 배우고 익히고자 하는 건강한 동기 자체가 부정적 행동의 동기에 예방적으로 작용한다.

질의 응답

알아차림

(질문) 호흡에서 달아나는 마음을 잡는 것 그것이 알아차림일 지요? 수없이 달아나던데요...

(답변) 마음챙김을 하면 자신이 무엇을 하고 있는지 있는 그 대로 알아차림 하게 됩니다. 앉아 있으면 앉아 있는 줄 알고, 호흡하고 있으면 호흡하고 있는 줄 압니다. 들숨을 쉬고 있으 면 들숨을 쉬고 있는 줄 알고, 날숨을 쉬고 있으면 날숨을 쉬 고 있는 줄 압니다. 그러다가 다른 생각을 하고 있으면 다른 생각을 하는 줄 알아차립니다.

호흡 마음챙김명상은 호흡에 주의를 집중하며 마음챙김 하 는 수행입니다. 호흡에 주의를 집중하는 것은 쉽지 않습니다. 대부분 사람들에게 호흡은 재미있는 현상이 아니기 때문에 주의가 다른 곳으로 달아나는 것은 당연합니다. 이때 자신의 주의가 집중의 대상에서 달아나는 것을 알아차리고 다시 주의를 집중의 대상으로 가져오는 것은 그 자체가 매우 훌륭한 주의훈련입니다. 주의가 집중의 대상에서 벗어나는 것을 알아차리고 다시 돌아오는 과정을 반복하면서 주의를 집중의 대상에 유지하는 시간은 점차 길어지고 주의가 집중의 대상에서 달아났을 때 알아차리는 시간은 점차 짧아집니다.

주의가 호흡으로부터 달아난 것을 알아차렸을 때 주의가 달아난 것에 실망하거나 자책하기보다는 오히려 그것을 알아차린 것을 칭찬하는 것이 더 좋습니다. 아이를 교육할 때도 벌보다는 칭찬이 더 좋지요.

잡념, 다리 저림 다루기

(질문) 호흡수행중에 잡념이 들고 다리가 저릴 때 어떻게 하면 좋을까요?

(답변) 호흡마음챙김명상은 호흡명상을 하며 마음챙김하는 수행입니다. 호흡에 집중하려는 의도 외의 욕구·생각이 올라올 때 그것들을 바라보고 알아차리는 것만으로도 훌륭한 수행입니다. 여기에 이것들과 다투지 않고 다시 호흡으로 돌아오는 연습을 통해 욕구·생각을 다루는 기술도 양성하게 됩니다. 이때 불편한 욕구·생각에 대해서도 편안해지는 인내심도 길러집니다.

특정한 욕구·생각이 호흡에 집중을 방해할 정도로 매우 강하다면 호흡이 아니라 그 욕구·생각을 마음챙김의 대상으로 삼고 관찰해도 좋습니다. 다리가 저려 다리를 풀거나 자세를 바꾸고자 하는 욕구·생각이 강하다면 다리 저림과 관련해서 떠오르는 생각이나 다리에서의 불편한 감각을 바라봅니다. 적으로 여기고 싸우려고 하기 보다는 약간의 호기심을 가지고 관찰합니다. 자세를 바꾸고자 할 때는 그 의도를 잘 알아차리고 자세를 바꾸는 과정을 놓치지 않고 관찰합니다.

그것이 호흡이든 일이든 현재 주의를 집중하려는 대상 이외의 것들에 대해 적을 대하듯 전투적 태도를 취하기보다는 투정부리는 아이를 대하듯 부드럽게 받아들여주고 때로는 달래주는 것도 좋습니다.

생각이 많을 때

(질문자1) 명상을 스스로 연습하고 있는데, 그때마다 머릿속에 오히려 생각이 더 많이 들고 있다는 것을 경험했습니다. 평소에 생각이 많은 편인데, 보통 생각이 많을 때는 의식하지 않고 흘려보냈는데, 이것을 마음챙김하려다 보니 생각을 많이 의식하게 되어 머리가 지끈했습니다. 이럴 때는 어떤 마음을 가지면 좋을까요..?

(답변자1) 명상을 통해 생각과 싸우지 않는 기술을 배우게 됩니다. 호흡 마음챙김명상에서는 호흡에 주의를 집중하며 관찰하는 훈련을 하게 됩니다. 이때 호흡감각 이외의 생각이 일어나면 알아차리고 '음, 그래'하고 싸우지 않고 부단히 다시 호흡감각으로 돌아오기를 반복합니다. 명상을 하다보면 생각이 많이 일어나는 것을 경험할 수도 있습니다. 그러기 때문에 생각과 싸우지 않는 기술을 숙달할 수 있습니다. 생각을 안 하려고 하기보다 알아차리고 다시 주의집중의 대상(호흡명상할 때는 호흡감각)으로 '그냥' 돌아오면 됩니다.

아래의 글들도 도움이 될 것 같습니다. 읽고 다시 의문이 있으면 질문해도 좋습니다: '효율적인 공부와 일(1): 걱정과 불안 다스리기' '렛잇비(let-it-be)'

(질문자2) 계속해서 명상을 연습하던 중 제가 생각을 없애기 위한 목적을 가지고 명상에 임한다는 것을 알게 되었습니다. 생각을 없애기 위한 목적을 가지니 주의의 초점이 생각에 더 머물고, 욕구와 생각을 내려놓기가 많이 힘들었습니다. 교수님께서 올리시는 글들을 짬짬이 읽으며 명상에 어떤 마음가짐을 가지고 임해야 할지 많은 것을 느끼고 있는데, 그 중에 이 글에 말씀하신 '음미한다'는 말이 특히 와닿았습니다. 명상을 목적을 이루기 위한 도구로 이용하는 것이 아니라, 명상 자체를 즐거운 경험으로 음미하고자 하니 보다 마음이 편안해지고 욕구를 내려놓는 것이 보다 잘 되었던 것 같습니다. 좋은 말씀에 감사드립니다!

(답변자2) 잘됐습니다~!

제2부

• • •

마음챙김과 긍정심리

Ⅲ. 마음챙김+긍정심리

왜 '마음챙김+긍정심리'인가?

(1)

심리적 문제를 가지고 상담이나 심리치료를 받으러 오는 사람들은 모두 문제의 원인을 가지고 있다.

보통은 유전적 영향과 환경적 영향의 상호작용이 그 원인이다.

환경적 영향으로는 어린 시절의 양육환경이 좋지 않아 부모로부터 학대를 당하거나 사랑을 충분히 받지 못한 것이 심리적 문제의 원인이 되기도 한다.

성장하며 왕따를 경험하는 등 부정적 경험을 한 것이 원인이 되기도 한다.

심리적 외상을 경험한 것이 원인이 되기도 한다.

요컨대 환경적으로 부정적 경험을 한 것이 마음에 흔적을 남겨 불건강한 마음을 키우고 이것이 지속적으로 부정적 영향을 주는 것이다.

특히 부정적 흔적을 자꾸 반추하며 자신을 자책하거나 남을 원망하는 것은 부정적 흔적으로 인한 고통을 더 증폭시키고 지속시키며 불건강한 마음을 더욱 키울 뿐이다.

상담이나 심리치료를 통해 이러한 불건강한 마음을 파악하고 그것을 교정하는 작업을 하게 된다.

이러한 작업도 중요하다.

그러나 때로는 이러한 작업이 매우 많은 노력, 시간, 비용을 요구한다.

(2)

동양에서는 하나의 행위(業)를 하면 그 행위의 결과(報)를 받게 된다는 인과론을 믿는 경향이 있다.

그러면 악한 행위를 하고 나면 다시는 돌이킬 수 없고 꼼짝없이 부정적 결과를 받게 되는 것인가?

불교에서는 우리가 참회를 하고 바르게 생활하면 악한 행위의 부정적 결과가 달라질 수 있음을 가르친다.

바르고 선한 행위를 한다고 악한 행위를 한 것이 소멸하지는 않지만 악한 행위가 미치는 부정적 효과의 크기에는 변화를 가져온다는 것이다.

'증지부(增支部)'라고도 불리는 '앙굿따라 니까야'의 '소금덩어리 경'에서 붓다는 악업의 영향에 대해 이렇게 설명한다.

소금덩어리를 작은 잔의 물에 넣으면 그 물은 매우 짜지만, 같은 크기의 소금덩어리를 큰 강물에 넣으면 그 물을 짜게 할 수 없다.

마찬가지로 악업을 지었다고 해도 바른 수행을 하며 선업을 많이 쌓으면 악업이 미치는 영향의 크기는 크게 줄어들 수 있다는 것이다.

(3)

불건강한 마음을 교정하는 것도 중요하다.

그러나 자칫하면 불건강한 마음을 교정하려는 시도가 불건강한 마음을 더욱 견고하게 만들 수도 있다.

불건강한 마음과 싸우려고 하기보다는 마음챙김을 통해 그것이 작용할 때 알아차리고 내려놓는 것이 좋다.

이렇게 하면 부정적 반추를 하지 않아 불건강한 마음의 영향력이 감소하게 된다.

그리고 무엇보다 불건강한 마음과 싸우기보다 긍정심리훈련을 통해 건강한 마음을 키우는데 더 많은 관심을 기울인다.

건강한 마음에 더 많은 노력, 시간, 비용을 투자하게 되면 상대적으로 불건강한 마음이 활성화되는 기회는 줄어들게 된다.

점차 마음의 공간에서 건강한 마음의 크기는 커지고 불건강한 마음의 크기는 작아지게 된다.

설사 불건강한 마음의 크기가 줄지 않는다고 해도 건강한 마음의 크기가 커짐에 따라 불건강한 마음의 크기는 상대적으로 줄어들게 된다.

결과적으로 우리의 생활은 건강한 마음에 의해 더 많은 영향을 받게 된다.

(그림 설명) 가운데 원을 불건강한 마음, 밖의 원을 건강한 마음이라고 보자. 오른쪽 그림처럼 건강한 마음을 키우면 불건강한 마음의 영향력은 줄어들게 된다.

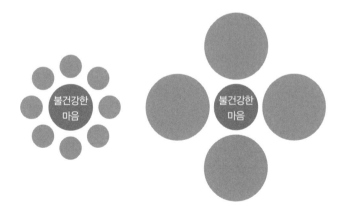

명상, 마음챙김 그리고 긍정심리

명상하며 깨어있을 때 나는 노바디(nobody)다. 남자도 아니고 여자도 아니다. 교수도 아니고 학생도 아니다. 부자도 아니고 노숙자도 아니다. 뚱뚱하다, 말랐다, 체중도 붙지 않는다. 크다, 작다, 키도 붙지 않는다. 남편이다, 아내다, 역할도 붙지 않는다. 그러나 명상 상태에서는 그러한 나에 대한 자각은 없다. 명상을 하며 있는 그대로 나를 바라보는, 즉 반조(返照)를 하는 마음챙김과 함께 깨어있을 때 내가 바로 노바디의 존재임을 자각한다.

호흡 명상을 하고 있을 때 나는 단지 여기 지금 앉아서 숨 쉬는 존재다. 그뿐이다. 그 이상도 그 이하도 아니다. 카페에서 커피를 마시고 있다면 단지 여기 지금 앉아서 커피를 마시는 존재일 뿐이다. 분명하게 살아서 키피의 향과 맛을 느끼고 있는 존재일 뿐이다. 설거지를 할 때는 설거지 하는 존재일 뿐이다. 그릇과 물의 감각을 또렷하게 느끼고 손의 움직임을 있는 그대로 알고 있는 존재일 뿐이다. 걸을 때는 걷는 존재일 뿐이다. 살아있고 깨어있고 걷고 있음을 온전히 알아차리는 존재일 뿐이다. 빨간 신호등을 만나 서 있을 때는 단지 주변의 환경을 느끼며 서있는 존재일 뿐이다. 이와 같이 행위와 감각에 집중하며 동시에 마음챙김 할 때 나는 바로 노바디-나임을 체득한다.

마음챙김명상을 할 때, 즉 욕구·생각을 내려놓고 감각에 집중하며 깨어있을 때 나는 단지 감각을 느끼며 살아있고 깨어있는 존재일 뿐이다. 저울의 0점과도 같은 영점-나(zero-I)다. 주의가 집중의 대상인 감각에만 몰두되어 있지 않고, 즉 명상 상태에만 머무르지 않고 그 상태에서도 고요히 깨어서 나를 볼 때 바로 영점-나, 노바디-나를 보게 된다. 이때의 나는 또한 모든 사람들의 영점-나와 같은 상태이므로 역설적이게도 에브리바디-나(everybody-I)이기도 하다. 한 생각, 한 욕구 일으킬 때 우리는 다양한 나로 나타난다.

명상만 해서는 잘 모른다. 마음챙김과 함께 할 때 명상의 평화로운 상태에서 영점-나, 노바디-나를 자각하게 된다. 마음챙김명상은 점차적으로 나의 존재, 나에 대한 아이덴터티(identity)에 변화를 가져온다. 과연 나는 평소에 나를 누구라고 생각하나?!

영점-나 상태에서 우리는 평화로움, 자족감을 느낀다. 썸바디(somebody)가 되어야 행복한 것이 아니다. 합격을 하고, 승진을 하고, 성취를 해야만 행복해지는 것이 아니다. 문득 욕구·생각을 쉬고 깨어있으면 행복을 느낄 수 있다. 존재의 기본값(default value)은 행복이다. 하루에 몇 번 노바디-나의 존재감을 느끼며 마음의 에너지를 충전한다. 노바디-나로의 근본 행복으로 마음을 충전한다.

마음챙김명상은 우리가 기본적으로 행복함을 알게 해준다. 긍정심리는 여기에 바탕을 두고 빌딩을 올려야 한다. 저울은 평소에 0점을 잘 가리키고 있어야 한다. 그러나 늘 0점만 가리키고 있으면 안 된다. 저울은 0점을 가리키기 위해 존재하는 것이 아니라 무게를 재라고 있는 것이다. 우리는 우리 내면의 형형색색의 빛깔을 드러내야 한다. 긍정심리는 바로 우리의 건강한 내면이 개화하도록 돕는다.

동일시 연습

동일시 연습!
삶은 동일시의 연속
동일시에 굴림을 당하지 말고
그 속에 깨어 동일시를 굴리자!

마음은 사회

영점-나도 좋지만 즐거움-나, 기쁨-나, 자비-나, 유머-나, 감사-나 등도 존중한다.

힘들 때 마음챙김-나로 알아차림의 넓은 공간에 어려움을 담는 것도 중요하다.

아울러 긍정-나들이 크게 숨 쉬며 활동할 수 있게 해주어야 한다.

물론 영점-나의 기본은 중요하다.

순수한 감각 모드에서 오는 영점-나의 은은한 기쁨. 신비. 감사.

사람들과 함께 있을 때는 그들의 건강-행복-성장을 기원한다.

자비의 빛을 보낸다.

함께 즐거움, 기쁨을 만들어낸다.

마음은 사회.

수행은 여러 나들이 건강하고 조화롭게 살 수 있게 정치를 잘하는 것.

마음챙김과 긍정심리는 서로 돕는다

마음챙김은 있는 그대로 바라봄이다.
긍정심리는 긍정적으로 바라봄이며 긍정의 행함이다.
마음챙김이 새옹지마(塞翁之馬)의 초연함으로 바라봄이라면
긍정심리는 전화위복(轉禍爲福)의 긍정의 바라봄이다.

긍정심리의 웰빙인지가 마음챙김의 수행을 지원해준다.
특히 마음챙김의 내공이 낮을 때 그러하다.
마음챙김의 받아들임이 긍정심리를 도와준다.
마음챙김의 받아들임이 없으면 자칫 긍정심리가 변화에만
초점을 두게 되어 부적절한 저항을 일으킬 수 있다.

마음챙김은 토대.
긍정심리는 그 위에 올라가는 빌딩.

기업에서 마음챙김과 긍정심리 적용하기

마음챙김긍정심리 연구회에서 '맘대로 연구소' 김창동 소장을 초빙해서 '직장에서의 명상 적용'에 대한 특강을 진행한적이 있다. 강의 내용 중 기업에서 명상을 도입하는데 있어서의 어려운 점 한 가지가 기억에 남는다. 일부 직원은 '회사가 스트레스를 줄여주지는 않고 스트레스에 대한 적응력만 높여서 나를 좀 더 부려먹으려고 하는구나.' 라고 생각할 수 있다는 것이다. 기업의 리더들이 명상을 도입하려고 해도 직원들의 마음에 거부감이 있으면 명상이 제대로 받아들여지기 어려울 것이다.

이런 생각을 해본다. 기업이 자신의 가치를 단지 생산성에만 두는 것이 아니라 구성원의 행복과 성장, 나아가 사회에 대한 기여로 둔다면, 구성원을 위해 근무시간의 일부를 구성원 자신을 위해 사용할 수 있게 허용하는 것은 어떨까.

예를 들면, 12시에서 1시 사이가 점심시간이라면 30분 정도 점심시간을 늘려주고 앞의 30분을 구성원들이 자신의 행복과 성장에 도움이 되는 프로그램에 참여할 수 있도록 한다. 이때 자기개발과 휴식을 위한 여러 프로그램을 개설하고 그 중에 하나로 명상 등 마음기술(mind skills)의 프로그램을 두면 인간의 기본동기인 자율의 동기를 충족시킬 수 있어서 좋을 것이다.

이렇게 한다면 업무시간이 줄어드니 스트레스의 원인이 줄어든다고 할 수 있고, 스스로 선택한 프로그램에 참여하니 그 프로그램이 기업보다는 자신을 위한 프로그램이 된다. 결과적으로 구성원의 행복도가 높아지고 업무 생산성도 따라서 향상될 것이다. 기업과 구성원 간에 상생(相生, win-win)의 관계가 형성된다. 이것은 다시 사회에 대한 기여의 증진으로 이어져 기업, 구성원, 사회 간에 트리플 윈(win-win-win)의 상생관계가 만들어진다.

마음챙김명상, 긍정심리훈련 등 마음기술의 보급에 기업이 관심을 갖게 되어 개인, 기업, 사회 모두의 행복과 성장이 증진되기를 바래본다.

학이시습지불역열호^(學而時習之不亦說乎)

삶은 끊임없는 학습으로 이루어진다.

학습은 영역의존(domain-dependent)에서 영역독립(domain-independ-
ent)의 방향으로 진행한다.

다르게 표현하면 학습은 맥락의존(context-dependent)에서 맥락독
립(context-independent)의 방향으로 나아간다.

한 번의 통찰이 와도 그 통찰이 삶 속에서 충분히 익는 데는
많은 노력과 시간이 필요하다.

그래서 돈오^(頓悟, insight) 후에도 점수^(漸修, working-through)를 해야
하는 것이다.

자전거 타는 기술을 한 번 배웠다고 해서 자전거 타는 기술의
익힘이 다 끝난 것이 아니다.

넓은 곳뿐만 아니라 좁은 곳에서도

평지에서 분만 아니라 언덕에서도

밝은 낮뿐만 아니라 어두운 밤에도

화창한 날씨뿐만 아니라 일기가 나쁜 날에도

자전거를 탈 수 있어야 한다.

필요하다면 한 손으로는 짐을 들고 다른 한 손으로 핸들을 조절하며 자전거를 탈 수도 있어야 자전거를 잘 탄다고 할 것이다.

강연도 그렇다.
반응이 좋은 청중 앞에서만
심신의 컨디션이 좋을 때만
청중의 수가 많지 않을 때만
강의실 여건이 좋을 때만 강연이 잘 된다면 아직 강연을 잘한다고 할 수 없다.

'수용의 왜'를 적용하는 마음기술을 제대로 학습하기 위해서는 나에 대해서도, 상대에 대해서도, 그리고 상황(삶)에 대해서도 각각 적용할 수 있어야 한다.
마음상태가 좋을 때뿐만 아니라 좋지 않을 때도
가까운 사람뿐만 아니라 불편한 사람에 대해서도
쉬운 일뿐만 아니라 어려운 일에 대해서도 적용할 수 있어야 한다.
한 사람, 두 사람, 한 가지, 두 가지 조금씩 적용하며 '수용의 왜'의 마음기술을 익힌다.

'수용의 왜', 마음챙김, 긍정심리전략 등 마음기술의 경우 마음이 습관적으로 작동하는 기존의 방식을 거스르며 익혀야 하기 때문에 배우고 익히는 것이 쉽지 않다.

그러다보니 머리로는 잘 아는 것 같은데 가슴과 행동이 따라주지 않는 것처럼 느껴지기도 한다.

그러나 결코 포기하지 않고 '오직 할 뿐'으로 적용의 영역(맥락)을 한 가지씩 넓혀 나가다 보면 마음기술은 새로운 습관이 되고 그 과정에는 즐거움도 따라온다.

공자께서는 학이시습지불역열호(學而時習之不亦說乎, 배우고 때때로 익히니 또한 즐겁지 아니한가), 라고 말씀하셨다.

학습은 한번으로 이루어지지 않는다.

때때로 익히는 과정이 부단히 필요하다.

다행스러운 것은 익힘의 과정이 즐겁다는 것이다.

한 번, 두 번, 이런 상황, 저런 상황에 배운 것을 다양하게 적용하며 조금씩 기술이 향상되는 것만큼 물리지 않고 오래 가는 즐거움이 또 있을까.

마음챙김+긍정심리훈련 도우미

http://blog.naver.com/peace_2011/221196712253

첨부파일을 출력한 후 가까이 놓고 사용하면 마음챙김명상과 긍정심리를 습관 들이는데 도움이 될 수 있습니다.

1) 마음챙김일지
2) 마음챙김-일과표
3) 스트레스마음챙김일지
4) 웰빙마음챙김일지
5) 자비수행일지

마음챙김의 도우미: 호기심

호기심을 마음챙김의 특징으로 설명하는 경우가 있다.

그러나 호기심은 마음챙김이라기 보다 마음챙김의 수행을

도와주는 도우미다.

호기심은 인간의 덕목(vertu), 인격강점(character strength), 또는 자

원(resources)으로 볼 수 있다.

호기심은 또한 동기로 볼 수 있다.

모든 생물 중 인간에서 가장 뚜렷하게 나타나는 동기다.

동기는 추구할 때 동기충족예상과 동기충족의 웰빙을 가져

온다.

반대로 좌절되거나 좌절예상 될 때는 스트레스를 경험하게

된다.

동기는 활성화 상태 또는 비활성화 상태에 있다.

활성화는 인지와도 연결되어 있다.

특정 상황에 대한 인지가 특정 동기의 활성화와도 연결된다.

동기가 적절한 상황(대상)에 적용될 수 있어야 건강하다.

예를 들어 호기심의 동기가 어떤 대상과 연결되어 있는가에

따라 삶의 질이 달라질 수 있다.

동기를 잘 사용해야 한다.

긍정심리전략을 통해 동기를 잘 사용해야 한다.

마음챙김의 도우미: 웰빙인지

마음챙김을 하면 마음이 안정되지만
마음챙김의 내공이 깊지 않으면 정작 마음챙김 많이 필요할
때 제대로 적용하지 못한다.
웰빙인지가 붙들어주면 그 도움으로 마음챙김을 적용할 수
있다.

마음챙김 도우미: 웰빙인지

사람들과 상호작용하며 때로 후회하는 언행을 하는 것은
마음챙김을 놓치고 욕구·생각에 쏙 빠졌기 때문이다.

보이지 않는 기운에 대한 믿음!
'될 일은 된다.'
이런 믿음이 바탕에 깔려 있을 때
욕구와 생각을 사용하는 일상생활에서도 마음챙김을 놓치지
않는다.
응무소주이생기심(應無所住而生其心)이 된다.
한편으로는 참여하고 한편으로는 흘러가는 모습을 구경할
수 있다.

나 자신도 구경의 대상인 이 영화의 배우.
나는 '오직 할 뿐'.
성령의 역사를 놀라움과 흥미로 지켜볼 뿐.
이래야 되는데, 저래야 되는데 하면서 마음 조리기보다
오직 성실히 자신의 역할을 수행하며

진행되어 가는 과정을 흥미를 가지고 구경한다.

마음챙김과 함께 할 때 나는 구경하는 나가 된다.

마음챙김의 도우미: 성장동기

안에 있나?!
떨어져서 보고 있나?!
모든 일들이 떨어져보기의 연습문제다.
떨어져봄의 기술과 힘을 기르는 기회다.

마음챙김의 마음기술을 기르려는 성장동기가 간절한가.
나를 알고 다스리고자 하는 성장동기가 절실한가.
나와 우주의 문제에 대한 궁금함이 지극한가.

IV. 긍정심리

동기관리

자기성장의 동기(1)

단순히 세속적으로 성공하는 것이 인생의 목적이 아니라면
죽는 날까지 살아가며 자신의 마음을 이해하고 다스리고자
하는 동기가 있다면 자기성장의 동기가 있다고 하겠다.

성장동기가 있으면 삶의 고통이 줄어든다.
동기가 좌절되거나 좌절이 예상될 때 우리는 고통을 경험한다.
그러나 성장동기가 있으면 그 고통은 우리의 마음을 이해하

게 하고 다스리는 공부를 할 수 있게 해준다.

고통의 원인을 밖으로 귀인시키는 남탓을 하지 않으니 저항을 만들지 않고 두 번째 화살을 맞지 않는다.

삶의 고통을 받아들임으로써 고통의 강도와 지속기간이 줄어든다.

또한 성장동기의 충족에서 오는 행복과 성장이 수반한다.

특히 관계에서 어려움이 있을 때 어려움을 주는 사람을 나의 성장을 위해 힘든 역할을 해주는 것으로 이해할 수 있다.

관계에서의 갈등과 고통의 원인을 남탓하지 않게 해준다.

오히려 그 속에서 자신을 새롭게 볼 수 있게 되고 알게 되고 자신을 다스리는 기술을 양성하게 된다.

자기성장의 동기(2)

삶 속에서 때로는 즐거워하기도 하고 때로는 고통을 경험하기도 하는 내가 누구인지에 대한 질문을 하고 있다면
삶이란 무엇이고 어떤 삶을 살아야 하는지에 대한 근본 질문을 품고 있다면
자기성장의 동기를 지니고 있는 사람이다.

마음챙김이나 긍정심리의 마음기술은 연마하기가 쉽지 않다.
이미 오랜 세월동안 몸과 마음에 익어버린 습관이 있어서 어렵다.
주어진 상황이 조금만 어려워져도 마음기술의 적용을 잊어버리고 습관적 행동을 해버린다.
때로는 마음기술을 적용하고자 하는 생각까지는 떠올랐지만 적용하고 싶은 마음이 일어나지 않는 경우도 있다.

자기성장의 동기가 간절하면 마음기술을 적용하고자 하는 동기도 강해진다.
어렵고 힘들어도 자기성장의 동기가 절실할 때 마음챙김을

적용하고 긍정심리를 적용하게 된다.

한번이라도 적용하면 그만큼 기술이 발전한다.

마음챙김과 긍정심리의 마음기술을 배우고 익힐 대 자기성
장의 동기는 필수적이다.

동기관리: 접근동기 vs. 회피동기

종종 행복하고자 하는 마음(행복접근동기)이 커서 행복하지 않은 상황을 몹시 싫어하는 마음(불행회피동기)을 일으키기도 하는데 이것이 행복을 약화시키고 불행을 증폭시키는 결과를 가져오기도 한다.

'행복하고 싶다' vs. '불행하면 안 된다'
행복하고 싶다(행복접근동기)는 것이 반드시 불행하면 안 된다(불행회피동기)는 것을 내포하지는 않는다.
반대로 불행해도 괜찮다는 것이 행복하고 싶지 않다는 것을 의미하지도 않는다.
여러분은 아래의 표에서 어느 위치에 가까운가.

		행복접근동기	
		상	하
불행회피동기	상		
	하		

행복의 접근동기가 높아도 불행의 회피동기가 높다면 행복하기 쉽지 않다.

종종 행복하고자 하는 마음이 크면 행복하지 않은 상황을 몹시 싫어하는 마음을 일으키기도 한다.

행복에 관심을 갖는 것은 좋아도 그것이 불행을 적대시하고 심지어 두려워하게 한다면(이것은 불행에 대한 관심이다!) 행복에 관심을 갖지 않는 것이 차라리 낫다.

행복이나 불행에 관심을 가지기보다 자신의 성장에 관심을 갖는 것이 좋다.

즉, 자신의 삶의 중요한 동기로 성장동기를 세우는 것이다.

자신의 인간적 성장을 위해 하고자 하는 일에 전념하면 성장에 따른 행복이 따라올 때는 행복해서 좋고 고통이 따오더라도 의연히 감내하며 배움의 기회로 삼을 수 있다.

이때 마음챙김의 받아들임과 함께 한다면 더욱 바람직하다.

(댓글)

고통을 고통으로 보지 않고 의연히 견뎌내면서 이를 배움의 기회로 삼아 결국 더욱 성장하란 말씀이지요. 어떤 경우에는 너무 힘든 날이 계속 되서 동기를 끄집어내기 어려운 때도 있습니다.

(답글)

(1) 우리가 한 번에 사용할 수 있는 정신자원은 제한되어 있

습니다. 중요한 것은 고통에 초점을 두기보다는 성장에 좀 더 초점을 두면 좋을 것 같습니다.

(2) 여행길에 비가 억수로 오는데 피할 곳도 마땅하지 않을 때는 비를 피할 곳까지 묵묵히 갈 수 밖에 없겠지요. 그러나 비를 피할 만한 곳에 있다면 무리해서 여정을 잡기보다는 당분간 쉬면서 힘을 비축하는 것도 필요한 것 같아요. 조금 쉬면서 힘을 비축하다보면 맑은 날도 오겠지요.

동기관리: 접근동기-회피동기 함께 활용

누군가에게 화가 날 때
접근동기를 이용한다면, '내 수행의 내공이 높아지는 기회가
왔다!'고 생각하며 성장동기를 접근동기로 활성화한다.

회피동기도 함께 이용한다면, '상대는 나로 하여금 화를 내게
해서 나를 돌아보게 하는 역할을 하고 있다. 화를 내면 내 내
공이 떨어진다. 더 안 좋은 일이 생긴다.'고 생각하며 성장동
기를 회피동기로 활성화한다.

성장동기의 충족은 정적 강화(positive reinforcement)다.
성장동기의 좌절 예방은 부적 강화(negative reinforcement)다. 성장
동기의 좌절예상이라는 고통을 제거한다.

바울의 사상과 동기이론

동기는 행동을 하게끔 만드는 원천이다. 행동을 함에 있어서 그 자체가 좋아서 한다면 내재동기로 하는 것이고, 그 자체보다 그 행동의 결과로 오는 것이 좋아서 한다면 외재동기로 하는 것이다. 공부 자체가 좋아서 공부한다면 내재동기로 공부하는 것이고, A+의 성적을 받기 위해 공부한다면 외재동기로 공부하는 것이다. 가급적 내재동기로 행동하는 것이 더 건강한 웰빙의 삶이다.

내재동기와 외재동기의 관점에서 볼 때 바울의 사상은 외재동기의 유대교를 내재동기의 기독교로 만들었다고 볼 수 있다.

하느님의 말씀을 반영한 율법을 따르기만 하면 구원받는다는 유대교의 율법주의는 사람들의 신앙생활을 외재동기의 활동으로 만든다. 율법을 지키는 이유는 그 자체를 위해서가 아니라 구원을 받기 위해서다. 사람을 사랑하는 것도 그 자체를 위해서가 아니라 구원을 받기 위해서다. 또한 외재동기로 신앙생활을 하니 조금이라도 율법을 어겼을까 늘 긴장하고 불안하게 된다.

바울은 믿음을 강조하며 구원은 하느님의 일이니 내가 관여할 일이 아니라고 본다. 나는 단지 바르게 신앙생활을 할 뿐이다. '믿습니다.' 한 마디로 구원을 받는 것이 아니다. 인간의 형상으로 나타난 하느님의 독생자 예수를 믿고 그의 가르침을 생활 속에 실천하는 삶을 살 뿐이다. 구원은 나의 일이 아니다. 나는 '오직 할 뿐'으로 예수를 닮고 예수의 가르침을 삶속에 실현하려고 할 뿐이다. 바울은 사람들로 하여금 구원의 강박으로부터 벗어나게 하려고 했다.

의미와 재미

의미있다고 생각하면 재미도 증가한다.
의미없다고 생각하면 재미도 감소한다.

일정한 시간을 정해서 TV 시청이나 컴퓨터 게임을 하며 휴식을 위한 시간이라고 의미를 부여하면 좀 더 즐길 수 있다.
TV 시청이나 컴퓨터 게임을 시간 낭비라고 생각한다면 TV를 보거나 컴퓨터 게임을 하면서도 즐기지 못하고 죄책감만 느낄 수 있다.

자신이 일중독의 경향이 있다면 일 이외의 활동에 대해 긍정적으로 의미를 부여하는 것이 삶의 질을 높이는데 도움이 될 것이다.

서원/사명/비전

자신의 일에 대한 중요성을 음미하며 /서원/사명/비전을 강렬하게 활성화하여 열정의 에너지를 뿜어 올리면 좋다.
스스로를 뜨겁게 만들 수 있어야 한다.

새로운 일, 임무 등이 부여됐을 때 그 기회가 갖는 의미를 충분히 느끼고 음미하도록 한다. 그냥 의례적으로 하지 않는다.
그 일, 임무가 가져올 유익함과 중요성을 충분히 느끼고 음미하도록 한다.
이렇게 할 때 회피동기보다는 접근동기로, 외재동기보다는 내재동기로 행동하게 되고
생산성도 올라가고 더 많은 웰빙을 경험하게 된다.

행복에 대한 이해

티벳사람들은 물질적 욕심이 적다.

그러나 그들도 부자가 되기를 바란다.

그들의 부자에 대한 이해가 다른 나라의 보통사람들과 다를 뿐이다.

그들은 누구도 죽은 다음에는 아무런 물질적 재산도 가지고 갈 수 없음을 잘 안다.

그들은 죽은 다음에도 가지고 갈 수 있는 선행을 많이 쌓은 사람이 부자라고 생각한다.

그들의 삶이 우리와 다른 것은 당연하다.

그들의 행복이 우리와 다른 것은 당연하다.

접근동기 vs. 회피동기

'걸리버 여행기'의 소인국 편을 보면 그 나라 법은 벌이 아니라 상으로 이루어져 있다. 어떤 행위를 하면 어떤 벌을 받는 것이 아니라 어떤 행위를 하면 어떤 상을 받는 것으로 구성되어 있다.

얻기 위해서 하는 행동이 많고 피하기 위해서 하는 행동이 적을 때 우리는 더 행복하다. 이 닦을 때 안 닦으며 입안이 텁텁하니까, 혹은 입 냄새가 날 수 있으니까 닦는다면 회피동기에 따른 행동이다. 똑같은 이 닦는 행동도 행위 마음챙김명상 수행의 기회 삼고 닦는다면 접근동기에 따른 행동이다.

동기관리: 행복도 분산투자

자산관리에서 많이 인용되는 조언으로 '달걀을 한 바구니에 담지 말라.'는 말이 있다.

마찬가지로 행복에 있어서도 한 두 개의 동기에만 올인하지 말고 다양한 동기를 조화롭게 충족시키는 것이 필요하다.

효율적인 공부와 일(1): 걱정과 불안 다스리기

일상에서 불안이나 걱정으로 공부나 일에 지장이 있다면;

(1) 받아들임

불안은 내가 내보내려고 하면 더 커진다. 불안을 내보내려고 하는 나의 관심은 불안을 키우는 먹이가 된다. 불안은 스스로 물러나도록 해야 한다. 내가 할 일은 그냥 불안과 함께 사는 것이다.

(2) 선택적 주의

불안에 주의를 보내기보다는 내가 할 일에 주의를 보낸다. 주의는 정신자원의 배분이다. 우리의 정신자원은 제한되어 있어서 사용에 있어서 제로썸(zero-sum) 관계가 있다. A와 B에 정신자원을 나눠 써야 할 때 A에 정신자원이 60% 배분되면 B에는 정신자원이 40% 까지만 배분될 수 있다. 좋아하는 것도 관심이지만 싫어하는 것도 관심이다. 관심을 주는 것은 주의를 보내는 것이다. 내가 싫어하는 것보다 그냥 내가 좋아하는 것을 선택한다. 평소에 내가 어디에 주의를 사용하고 있는지 잘 알아차리고 현명한 선택을 하도록 한다.

(3) 완벽주의를 내려놓음

일(공부)을 할 때 '불안이 없으면 집중을 더 잘 할 텐데', 라는 생각을 내려놓는다. 불안이 내 주의의 50%를 가져가면 나머지 50%로 일한다. 그러나 불안에 저항(불안이 없으면 좋겠다는 생각, 불안을 없애려는 시도 등)을 하게 되면 나머지 50%의 주의가 저항에 사용되므로 일에 사용될 주의는 더욱 고갈된다.

(4) '오직 할 뿐'

불안이 내 주의의 90%를 가져가면 나머지 10%로 일한다는 자세로 임한다. 그러다보면 불안으로 가던 주의가 줄면서 일에 투입되는 주의가 20%, 30%, 40% 등으로 늘어난다. 불안이 줄어들고 일에 대한 집중이 증가할 때 '불안이 없으면 집중을 더 잘 할 텐데. 불안이 좀 더 줄어들면 좋겠다.' 등의 생각에 빠지지 않도록 한다. 이것은 불안에 관심을 보이는 것이기 때문에 나가던 불안이 다시 돌아오게 된다. 불안이야 어떻든지 나는 나의 할 일을 한다는 자세로, '오직 할 뿐'으로 나아가야 한다.

효율적인 공부와 일(2): 집중을 높이기

(이 글은 효율적인 공부를 중심으로 얘기하고 있지만 공부 대신 일을 대입해도 유사하게 적용할 수 있다.)

책상 앞에 앉아있다고 공부가 되는 것은 아니다. 졸거나 딴 짓하며 시간을 보내기도 한다. 공부를 한다고 해도 멍한 상태에서 억지로 앉아 있거나 잡생각(대부분은 과거에 대한 후회나 원망, 또는 미래에 대한 걱정) 반, 공부 반인 경우도 많다.

졸리거나 각성이 낮은 상태에서 억지로 책을 보고 있다면 시간을 죽이고 있는 것이고 성실하게 공부하고 있다고 자신을 속이고 있는 것이다. 공부는 공부대로 못하면서 기본 권리인 행복마저 빼앗기고 있는 셈이다. 공부에 집중할 때 우리는 행복하다. 집중해서 공부할 때 공부는 우리의 중요한 동기인 유능의 동기를 충족시키는 웰빙의 활동이 된다.

집중해서 공부할 때 공부의 효율도 높아진다. 공부에 대한 집중을 높이는데 다음의 요인들을 고려하면 좋다.

(1) 공부의 의미

나에게 공부가 갖는 의미를 분명히 하는 것이 중요하다. 공부가 의미 있을 때 공부가 내 삶의 중요한 동기(욕구)를 충족시키는 행위가 된다. 동기는 나의 행위에 에너지를 제공해준다. 동기가 크고 중요할수록 제공하는 에너지의 양도 크다. 공부의 의미를 분명히 하고 때때로 상기하는 것은 마음의 심연에 있는 막대한 에너지의 수맥에 파이프를 연결시켜준다.

(2) 내재적 동기 vs. 외재적 동기

공부의 결과를 위해 공부하는 외재적 동기를 전혀 무시할 수는 없지만 기본적으로 공부 자체를 즐기기 위해 공부하는 내재적 동기를 중심으로 공부를 하는 것이 좋다. 외재적 동기가 중심이 되면 자칫 공부의 결과에 연연하게 되면서 걱정과 불안이 강하게 올라와 공부에 집중하지 못하게 된다.

(3) 걷기

졸리거나 각성이 낮으면 밖으로 나가 30분 혹은 1시간 정도 산책을 하고 온다. 가급적이면 빠른 걸음으로 걷는다. 다녀오면 훨씬 좋은 기분으로 집중해서 공부할 수 있다. (시간을 충분히 낼 수 없다면 10분 정도의 시간을 내서 차 한 잔에 온전히 집중하고 음미하며 차 한 잔의 마음챙김을 해도 좋고, 옥상에 올라가 요가나 스트레칭을 해도 좋다.)

오직 걷기에만 집중하며 걷기 마음챙김명상을 해도 좋다. 신체적으로도 건강해지고 마음을 쉬며 마음챙김까지 훈련할 수 있으니 여러 가지로 유익하다.

혹은 걸으면서 머릿속으로 공부한 것을 다시 떠올리는 것은 공부한 내용의 이해와 기억에 많은 도움이 된다. 공부는 책을 볼 때보다 보지 않고 인출할 때 더 많이 이루어진다.

글을 쓰려고 하거나 프로젝트를 구상할 때도 걸으면서 생각하면 아이디어가 잘 떠오른다.

(4) 잠

졸리거나 각성이 낮을 때는 앉은 채로 잠깐 선잠을 자는 것도 좋다. 잠깐의 선잠만으로도 정신이 쇄락해지고 공부에 대한 집중도 높아진다.

공부의 효율을 높이기 위해서는 밤에 충분한 수면을 취하는 것이 좋다. 하루 1시간 정도의 빠른 걷기는 좋은 수면에도 도움이 된다.

혹시 밤에 잠이 안 오거나 아침에 잠이 너무 일찍 깼는데 잠도 다시 안 오고, 그렇다고 책상 앞에 앉았는데 공부에 집중도 안 된다면 이렇게 해보자. 바로 눕든 모로 눕든 그냥 편하게 누워서 복식호흡을 하며, 가급적 잡생각에 빠지지 말고, 그전에 공부한 것을 다시 떠올리는 인출연습을 하거나 해야 할 아이디어 구상을 한다. 그러다 보면 잠이 온다. (여기서 중요한 것은 잠을 자려는 의도는 내려놓아야 한다는 것이다.) 잠이 안 오더라도 공부를 심화하거나 아이디어 구상을 할 수 있었으니 시간을 낭비한 것은 아니다.

밤에 잠이 안 올 때 '잠을 충분히 자둬야 내일 생활을 제대로 할 수 있다'는 생각에 억지로 잠을 청하면 도리어 잠이 오지 않는다. 또 이런 저런 이유로 충분한 수면을 취하지 못했을 때 '잠을 충분히 자야만 공부를 잘 할 수 있다'는 생각이 오히려 공부에 대한 집중을 방해한다. 걷기나 선잠으로도 공부에 대한 집중을 높일 수 있다. 모자란 수면은 그 다음날 자연스럽게 보충하면 된다.

(5) 공부 모임

스터디 그룹을 짜거나 연구회를 만들어 공부의 주제에 대해 사람들과 함께 발표하고 토론하면 더 집중해서 활발하게 공부를 할 수 있다. 함께 공부하면 공부에 대한 집중도 높아질

뿐만 아니라 공부 주제를 다양한 관점에서 다룰 수 있어 이해가 풍부해지고 기억도 잘되며 멋진 아이디어도 만들어낼 수 있다.

또한 함께 공부하면 사람들과의 상호작용을 통해 공부가 더 즐거워지고, 인간의 중요한 동기인 관계의 동기도 충족시킬 수 있어서 삶의 질도 높아진다.

(6) 동기의 조화로운 추구

공부와 관련이 없지만 자신에게 중요한 동기들의 충족에도 시간, 돈, 노력 등을 투자하여 동기들을 조화롭게 추구하는 것이 좋다. 그렇지 않으면 무시 받고 억압된 동기들의 반항과 저항으로 공부의 집중은 점점 약해지고 공부의 속도는 점차 느려질 것이다.

효율적인 공부와 일(3): 보완하는 글

그 자체의 동기(공부의 욕구)를 충족시키기 위해 행동(공부)하게 될 때 내재적 동기에 의해 움직이는 것이고, 다른 동기(칭찬, 보수, 취업 등의 욕구)의 충족을 위해 행동(공부)하게 될 때 외재적 동기에 의해 움직인다고 말한다.

한 행위(공부)가 전적으로 내재적 동기에 의해서만 이루어지거나 외재적 동기에 의해서만 이루어지는 경우는 거의 없다. 대체로 두 가지가 섞여있는데 사람마다, 경우마다 그 비율이 다르다. 이때 중요한 것은 내재적 동기와 외재적 동기를 긴밀하게 연결시키되 가급적 내재적 동기의 비중을 크게 만드는 것이다. 외재적 동기와 내재적 동기를 연결시켰으면 행위를 할 때는 외재적 동기를 내려놓는다. 그러면 내재적 동기가 살아난다. 공부를 통해 취업(외재적 동기)을 하게 되겠지만 취업에 대한 생각을 내려놓지 못하면 공부에 집중할 수 없고 공부를 즐길 수 없다.

행위를 할 때 외재적 동기를 내려놓기 위해서는 명상훈련이 도움이 되기도 하고 다음과 같이 웰빙을 가져오는 생각(웰빙인지)을 도와주는 글귀를 음미하는 것도 좋다. 티벳 속담에 이런 말이 있다: '걱정을 한다고 걱정이 없어지면 세상에 걱정이 없겠네.' 행위의 결과에 대해 걱정한다고 안 될 일이 되고, 걱정을 하지 않는다고 될 일이 안 되지는 않는다. 오히려 걱정을 하면 그만큼 정신자원을 걱정에 뺏기게 되고 행위에 집중하지 못하게 되므로 결과도 좋지 않을 것이다. '진인사대천명(盡人事待天命)'과 같은 말을 음미하는 것도 좋다. 인간으로서 나는 나의 일(공부)에 충실할 뿐이다. 결과는 내가 고민할 필요 없다. 그것은 하늘이 할 일이다. 나의 일은 행위에 집중하며 그것을 즐기는 것이다. 그 행위의 결과는 하늘이 해야 할 일이다. '하늘'의 일까지 간여하느라 소중한 에너지를 낭비하지 말고 나의 일에 '오직 할 뿐'으로 전념하는 것이 좋다.

근력운동을 한다고 하루아침에 근육이 만들어지는 것이 아니듯이, 마음의 힘과 기술도 받아들임과 함께 꾸준히 실천하면 커지고 향상된다. 소걸음으로 매순간 한 걸음씩 나아가면 성장과 함께 행복이 따를 것이다.

웰빙인지

웰빙인지

웰빙인지는 웰빙을 경험하게 도와주는 생각이다. 보통 문장이나 이미지를 통해 활성화된다. 웰빙인지는 많은 사람들에게 공통되는 것들도 있지만 개인에 따라 다를 수도 있다. 속담에 '꿩 잡는 것이 매다.' 라는 말이 있다. 보기에 유치해 보일지라도 그것을 받아들이는 사람에게 스트레스를 관리하고 웰빙을 증진하는데 도움이 된다면 그 사람에게는 훌륭한 웰빙인지다.

남자친구 혹은 여자친구와 헤어진 후 친구가 해주는 이런 위로가 도움이 되기도 한다. '함박스테이크 먹어봐. 돈까스는 생각도 안 날거야.' 혹은 '우주는 너에게 벤츠를 주려고 하는데 왜 자꾸 티코만 원하니.'

웰빙인지와 동기상태이론

"삶의 여정 자체가 영성의 자원이 될 수 있습니다. 만나는 어떤 사람이건, 어떤 사건이건 의미를 갖고 바라보면 영성의 차원을 높이는 자원이 될 수 있습니다." (윤종모/2017/'넓이와 깊이'/pp.116-117)

웰빙인지는 우리 마음을 웰빙의 상태로 만들어주는데 기여하는 인지(생각)이다. 이런 생각은 보통 말이나 문장을 통해 활성화될 수 있다.

윤종모 주교님의 위 말씀은 우리로 하여금 내면의 성장동기를 일깨워 줌으로써, 그렇지 않았다면 동기좌절로 인식되었을 어떤 사람이나 어떤 사건을 성장동기를 충족시켜주는 사람이나 사건으로 인식되게 해준다. 이러한 인식은 바로 동기의 충족이니 웰빙상태다.

이러한 설명을 잘 이해하기 위해서는 동기상태이론을 이해하는 것이 도움이 된다. 동기상태이론은 우리가 경험하는 웰

빙과 스트레스를 동기의 상태로 설명하며 아래의 도식으로
스트레스와 웰빙을 정의 내린다.

스트레스	웰빙
동기좌절	동기충족
동기좌절예상	동기충족예상

평소에 위와 같이 웰빙인지를 일으켜주는 좋은 문장을 스마
트폰처럼 자주 사용하는 곳에 적어두면 좋다. 종종 읽어봄으
로써 스트레스를 줄이고 웰빙을 증진할 수 있게 된다.

'두 번째 화살'과 '배웠다'

직장에서 부하직원이 일을 지시한 대로 하지 않았다.
부하직원에 화를 내며 야단을 친다.
부하직원을 돌려보내고는 너무 심하게 화를 낸 것 같아 스스로 자책한다.

일이 제대로 되지 않은 것은 첫 번째 화살을 맞은 것이다.
그것으로 인해 화를 낸다면 그것은 두 번째 화살을 맞는 것이다.
만약 화를 낸 것에 대해 자책한다면 그것은 세 번째 화살을 맞는 것이다.

이때 '배웠다.'의 웰빙인지를 동원한다.
이렇게 하면 이번에는 만족스러운 대응을 하지 못한 것을 인정하고 받아들이는 것이 쉬워져서 3차, 4차 화살을 맞지는 않게 된다.
또한 다음에 유사한 경우에 더 바르게 행동하게 된다.

그래도 자책감이 남아 있다면
관련된 사람을 위해 밝고 따뜻한 자비의 기원을 보낸다.
화를 경험하고 다음에는 좀 더 성숙해지려는 자기 자신을 위
해서도 밝고 따뜻한 자비의 기운을 보낸다.

흑백논리로부터의 자유

명상을 가르칠 때 '좋아할 필요는 없다. 다만 할 뿐이다.' 라는 말을 해줄 때가 있다.
사람에 대해서도 비슷한 말을 할 수 있겠다.
'그 사람을 좋아할 필요는 없다. 다만 함께 지낼 뿐이다.'

사람은 흑백논리에 취약해서 무엇을 혹은 누군가를 좋아하지 않으면 싫어해야 하거나 반대로 싫어하지 않으면 좋아해야 하는 것을 생각하기 쉽다.
혹은 무엇 혹은 누군가가 좋은 사람이 아니면 나쁜 사람이고 반대로 나쁜 사람이 아니면 좋은 사람이라고 생각하기 쉽다.

누군가와 잘 지내지 못한다고 그 사람과 나쁘게 지낼 필요는 없다.
좋아하지는 않더라도 그냥 기본적인 평범한 관계를 유지할 수는 있다.
그럴 수 있는 것도 수행이다.

웰빙에 주의 보내기

(1)

아파트 물탱크 청소로 인해 하루 종일 물이 나오지 않는다.

그래도 다행히 단수공지가 미리 있어서 일찍 일어나 물을 받아놓았다.

받아놓은 물로 세수, 용변 후의 처리 등에 사용한다.

불편할 수 있지만 물의 고마움을 느낀다.

아프리카에서 물이 없어 고생하는 사람들도 생각하게 된다.

물을 귀하게 써야겠다는 바른 생각도 든다.

이런 방식으로 생각하면 가끔 있는 단수에 대해 부정정서가 아니라 긍정정서를 경험할 수 있다.

물이 나오지 않는 상황에서 우리가 어디에 주의를 보내는가에 따라 경험하는 것이 달라진다.

(2)

주변사람들에 대해서도 단점보다는 장점을 생각한다.

나에게 잘못한 것보다 잘해준 것을 생각한다.

많은 사람들이 부정적 정보에 더 많은 주의를 기울이는 경향

이 있기 때문에 이런 연습이 그나마 객관적으로 공정하게 상
대를 바라보게 해준다.

망원(望遠)

어머니가 살아계실 때 어머니 뵈러 한강의 강변북로를 차로
지나가곤 했다.
차가 달리다가 망원동 즈음을 지날 때 길가에 망원정(望遠亭)
이라는 현판의 정자가 눈에 띄곤 했다.
망원(望遠).
멀리 본다.

주변사람들로 인해 스트레스를 경험할 때
어려운 일로 고통을 경험할 때
멀리 본다.

시간적 조망을 넓히고 멀리 본다.
1년 후에도
10년 후에도
나의 임종 때에도
이것이 큰일일까?
그때도 기억이 될까?

공간적 조망을 넓히고 멀리 본다.

주변에 고통을 경험하는 사람들을 생각해본다.

지구촌 곳곳에서 기아, 전쟁, 폭력 등에 노출된 사람들을 생각해본다.

나만의 고통이 아니라 내가 사는 이곳 지구에서 사람들이 경험하는 고통을 생각해본다.

시간과 공간의 조망을 동시에 넓히고 멀리 볼 수도 있다.

빅터 프랭클(Vitor Frankl) 박사를 포함해서 많은 사람들이 2차 대전 당시 죽음의 수용소라 불리던 '아우슈비츠 수용소'에서도 생활했다.

링컨은 수많은 실패와 낙선의 고배를 마신 끝에 미국 대통령이 되었다.

때로는 지구 밖으로 나가 내가 사는 곳, 지구를 보고

태양계 밖으로 나가 내가 사는 곳, 지구를 보고

은하계 밖으로 나가 내가 사는 곳, 지구를 본다.

무한한 우주 가운데 작고 작은 나를 본다.

'미운 놈 떡 하나 더 준다.'

수행을 위한 좋은 경구다.

미운 놈이야 말로 내 내면의 문제를 드러내주는 존재다.

루미의 시 '여인숙'에서 표현하는 '먼 곳에서 보낸 안내자'다.

나의 성장을 안내하기 위해 오신 분이다.

인연을 소중히 하고 친절하게 대한다.

결코 시비를 가리려고 하거나 원망심을 내며 곱씹지 않는다.

무엇이 함께 성장하는 길인지 숙고한다.

함께 성장하고 행복하기를 바라는 자비의 마음을 보낸다.

상대를 소중히 여기고 자비의 마음을 내고 친절하게 대하는 것은 상대를 위한 일이 되지만 동시에 나의 행복과 성장을 주는 일이다.

그러니 상구보리하화중생(上求菩提下化衆生)이다.

동시에 이뤄지는 일이다.

'어떤 가르침을 주는 것인가?!'

마음 불편한 상황에서 떠올리면 좋은 웰빙인지다.

성장동기를 활성화시켜준다.

스트레스 상황에서 부정적인 것에 주의를 보내고 곱씹으며

저항하기보다 선선히 받아들인다.

그 상황을 동기좌절의 스트레스가 아니라 오히려 성장동기

를 충족시키는 웰빙으로 이해한다.

자연스럽게 그것으로부터 나의 성장을 위한 교훈을 얻는데

주의를 보내게 된다.

액땜

자신의 신체에서 불만족스러운 점이 있다면
주어진 환경에 불만이 있다면
그것은 인생 전반에서의 큰 액땜으로 여기고 믿는다.
아니었으면 발생했을지도 모르는 안 좋은 일들을 예방한다
고 생각하고 믿는다.
그리고 오직 자신에게 주어진 것을 활용하고 실현하는데 전
념한다.

나의 말 습관

나는 습관적으로 어떤 말을 많이 사용할까?

어떤 사람을 '죄송하다'는 말을 너무 많이 사용한다.

잘못하고도 시침 떼는 사람보다는 낫지만 과유불급(過猶不及)

이라고 지나치면 좋지 않다.

죄송하다고 하고 상대가 이해해주면 이제는 너그럽게 이해

해준 것에 '감사하다'는 말로 대화를 맺는 것이 좋지, 끝까지

죄송하다는 말을 반복하는 것은 보기 좋은 것 같지 않다.

죄송하다는 말을 자꾸 사용하다보면 자꾸 죄송할 일만 생기

지는 않을까?

늘 이러면 안 되고 저러면 안 되고 회피할 일에만 주의가 가

있으면 마음이 늘 긴장하고 불안하게 된다.

당연히 능동적으로 좋은 일을 만드는 데는 주의를 보내지 못

하게 된다.

웰빙인지의 좋은 말들을 종종 반복하며 마음에 새긴다.

웬만하면, '잘했다', '감사하다' '다행이다' '좋아' '그래' 라는 말

을 입에 달고 사는 것은 어떨까.

하춘화의 노래 '잘했군, 잘했어'의 노랫말에 보면 남편이 상

의도 없이 뒤뜰에 뛰어 놀던 병아리 한 쌍을 잡아 몸 보신을 해도 잘했다, 또 아내가 상의도 없이 소를 팔아 처남의 장가 밑천으로 주어도 잘했다 하며, '잘했군, 잘했어'를 연발한다. 평소에 자신이 습관적으로 사용하는 말을 잘 알아차리고 자기 자신이나 다른 사람들과의 관계를 따뜻하게 하는 말을 습관들인다면 행복에 도움이 될 것이다.

사람을 보는 눈

티벳 사람들은
모든 사람을
전생의 나의 부모, 형제, 친구로,
또 내생의 나의 부모, 형제, 친구로
본다고 한다.

다른 눈

"진정한 여행은 낯선 땅을 찾아가는 것이 아니라 다른 눈을 갖는 것이다."

— 마르셀 프루스트(Marcel Proust, 1871-1922) —

바라건대
있는 그대로 바라볼 수 있기를
따뜻하고 부드럽게 바라볼 수 있기를
유머로 바라볼 수 있기를
하나 더, 느긋하게 바라볼 수 있기를!

매일 하는 일을 다른 눈으로 대한다.
매일 만나는 사람을 다른 눈으로 대한다.

일상을 새롭게 경험하는 즐거움 누리기를!

일체유심조(一切唯心造)

'내가 경험하는 밖'은 이미 내가 개입되어있다.

나를 떠난 밖, 즉 Kant가 말한 물자체(物自體)는 있다고 해도 알

수 없다.

그러니 내가 경험하는 밖은 내가 변화하면 그에 따라 변화할

수밖에 없다.

'내가 보고 있는 세상은 나의 인연과 조건으로 보는 세상이다.'

'내가 어떻게 마음을 쓰느냐에 따라 세상이 달라진다.'

'내가 보는 세상은 내가 만든 세상이다.'

'일체유심조(一切唯心造).'

'마음이 아름다우면 온 세계가 아름답다.'   – 유마경(維摩經) –

심상법

심상법은 마음으로 원하는 바를 그리는 방법으로
어떤 사람들에게는 좋을 수 있다.
그러나 어떤 사람들에게는 안 좋을 수 있다.
특히 몸의 아픔에 대해 긍정의 심상을 할 때 낫고자 하는 마
음이 너무 강하면 긍정의 심상법이 부메랑 효과를 가져올 수
있다.
믿고 맡기기보다 빨리 효과를 보려는 마음이 조바심을 내게
하여 부정적 영향을 미칠 수 있다.

음미

마음챙김의 음미-즐김

문득 지금·여기를 돌아보면 행복하지 아니한가!

사람들과 이 강의실에서 함께 공부하고 생각하고 의견을 나누는 이 시간이 행복하지 아니한가!
지금·여기에 존재할 뿐이다.
어떠한 과거도 과거일 뿐이다.
어떠한 미래도 미래일 뿐이다.
어떠한 저곳도 저곳일 뿐이다.
지금·여기에는 치매에 걸린 시어머니도, 술 먹고 늦게 들어오는 남편도 없다.
(각자 돌아가며 자신의 스트레스 대상을 열거한다.)

지금·여기에는 함께 공부하고 생각하고 의견을 나누는 도반들이 있을 뿐이다.
나는 지금·여기에 존재할 뿐이다.
그뿐

그뿐이다.

아무 일 없이 여기에 이렇게 혼자 앉아있는 이 시간이 행복하
지 아니한가.
지금·여기에 존재할 뿐이다.
어떠한 과거도 과거일 뿐이다.
어떠한 미래도 미래일 뿐이다.
어떠한 저곳도 저곳일 뿐이다.
지금·여기에는 치매에 걸린 시어머니도, 술 먹고 늦게 들어
오는 남편도 없다.
(각자 돌아가며 자신의 스트레스 대상을 열거한다.)
지금·여기에는 오로지 혼자 한가로이 앉아있을 뿐이다.
나는 지금·여기에 존재할 뿐이다.
그뿐
그뿐이다.

음미

저녁식사.

가족이 함께 거실에 앉아 '복면가왕'을 시청하며.

간간이 '나를 쏙 빼고' 마음챙김으로 봄.

그러면서도 이렇게 아내와 아들과 세 식구가 함께 저녁식사를 하고 TV를 시청하며 서로 코멘트(가수들의 노래를 평하는 패널들에 대해 '말도 참 잘한다' 등.)도 나눌 수 있음이 행복하고 감사하다.

슬쩍 돌아보며 음미할 수 있을 때 평범한 순간들이 행복하고 감사함을 느낄 수 있다.

웰빙행동: 음미

책상 앞에서 의자에 앉아 작업하다가 잠시 의자에 기대어 휴식을 취할 때도 마찬가지.

마치 어느 코지코너(cozy corner) 혹은 코지코쿤(cozy cocoon) 속으로 안온(安穩)하게 쏙 들어가듯이 하면서 잠시 편안하게 쉴 수 있음을, 잘 수 있음을 온전히 음미한다.

이때 쏙 들어가는 느낌이 특히 어깨와 등에서 잘 느껴진다.

잠자리에 들 때 편안하게 쉴 수 있음을 음미한다.

하루 일과를 마치고 편안하게 잘 수 있음을 온전하게 만끽한다.

몸에 힘을 빼고 몸을 음미한다.

모든 힘을 빼고 몸의 각 부위에서 느껴지는 이완의 감각을 온전히 즐긴다.

하루의 일과를 마치고 이불을 덮고 지금 침대에 누워 있는 이 느낌을 음미한다.

온전한 나의 시간.

어떠한 방해도 없고 푹 쉴 수 있는 나만의 시간.

그 편안함, 안온함을 기분 좋게 즐긴다.

침대 속의 따뜻함과 부드러움을 온전히 느낀다.

이러한 안온함 속에서 잠이 드는 순간까지 하루 동안 수고한 내 몸에 부드러운 주의를 보내며 기분 좋은 감각과 함께한다.

오늘도 새로운 스물네 시간이 주어졌네

오늘도 새로운 스물네 시간이 주어졌네.

재학생들과 인턴을 준비하는 제자들은 열심히 공부하며 실력을 쌓기 바라네. 낭중지추(囊中之錐). 주머니 속의 송곳처럼 실력은 드러나게 되어있으니 부지런히 실력을 기르게. 매일매일의 공부가 쌓여가는 즐거움을 누리기 바라네.

수련을 하는 제자들은 보고서 쓰기가 힘들겠지만 '받아들임'의 자세로 임해 승화할 수 있도록 하게. 무엇보다 먼저 자신의 아픔을 통해 가르침을 주는 내담자들에게 늘 감사하는 마음으로 대하기 바라네. 그들에게 보답하는 마음으로 온 마음을 다해 이해하고 도움을 줄 방법을 연구하게. 꼼꼼하게 기록을 남겨 현장에서 공부한 것을 언젠가는 책을 써서 다른 사람들과 나눌 수 있도록 하기 바라네.

사회에서 활동하는 제자들도 매일 만나는 내담자들을 자신을 공부시켜주는 스승으로 삼고 최선을 다해 이해히고 도움을 주기 바라네. 또한 바쁜 가운데도 늘 새로운 공부하기에 부지런하기 바라고 연구하는 자세로 매일의 경험을 정리하여 학회에도 발표하고 좋은 책을 쓸 수 있도록 하기 바라네.

모두 주어진 자리에서 실력을 연마하고 성장하며 그 속에 행복이 함께 하기 바라네.

늘 오늘이 새로운 오늘이 되기 바라네.

자비

자기자비

나는 나에게 어떤 말을 많이 하나?

밖으로든 속으로든.

격려, 칭찬, 축복의 말을 많이 해주는지.

아니면 좌절시키거나 비난하거나 저주하는 말을 많이 해주는지.

'난 안 될 거야', '내가 그렇지 뭐', '망했다'라는 말만 달고 살지는 않는지.

마음챙김.

평소에 내가 나에게 무슨 말을 하고 있는지 깨어있음.

그리고 틈틈이 나를 위한 자비의 기원을 보낸다.

무조건적 포용.

성경 인용

아침에 일어나면 먼저 자신의 이름을 부르면 건-평-행-성^{(건}강, 평화, 행복, 성장)을 축원해준다.

따뜻한 나, 자비의 나가 양성된다.

언제나 내편인 친구와 같은 나를 얻는다.

자비의 축원을 해주는 나가 한 뼘씩 커진다.

나의 객관화.

자녀를 위한 자비수행

나는 나의 자녀에게 어떤 말을 많이 하나?

자식이 공부를 못하거나 컴퓨터 게임을 할 때
대학 졸업하고 백수로 빈둥거릴 때
입 밖으로 혹은 속으로
관심과 축복의 말을 해주는가?
아니면 걱정하고 야단치는 것이 사랑인 줄 알고
자신도 모르게 걱정이나 비난, 혹은 심지어 저주의 말을 하고
있나?

아무리 자식이지만 내 뜻을 따라주지 않으니 서운하고 밉다.
더구나 자기 잘 되라고 하는 소리인데 잔소리 한다고 하고 반
항까지 한다.
아무리 자식이지만 미운 마음이 든다.

마음챙김!
나를 볼 수 있어야 한다.

내가 자녀에게 미운 마음을 갖는데 자녀인들 나를 사랑할 수 있을까?
내가 자녀에게 미운 마음을 내는데 자녀가 잘 될 일이 있겠는가?
내가 밖으로든 안으로든 평소에 자녀에게 무슨 말을 하고 있는지 깨어있어야 한다.

미운 마음이 들 때 오히려 나 자신을 돌아볼 수 있어야 한다.
마음챙김의 기술을 연마할 수 있어야 하고
자비의 긍정심리를 훈련할 수 있어야 한다.

누가복음에서 예수께서 이렇게 말씀하신다.
"너희가 자기를 사랑하는 이들만 사랑한다면 무슨 인정을 받겠느냐?
죄인들도 자기를 사랑하는 이들은 사랑한다.
너희가 자기에게 잘해 주는 이들에게만 잘해 준다면 무슨 인정을 받겠느냐?
죄인들도 그것은 한다."
이어서 말씀하신다.
"너희는 원수를 사랑하여라."
또 이렇게 말씀을 마치신다.

"너희 아버지께서 자비하신 것처럼 너희도 자비로운 사람이 되어라."

남도 아니고 내 자식인데 내 뜻을 이해하고 따르지 않는다고
미운 마음을 낸다면,
나쁜 말을 밖으로 또는 안으로 하고 있다면
얼마나 안타까운 일인가.
가까운 관계에서는 사랑을 느끼기도 쉽지만 미움을 경험하기도 쉽다.
마음챙김으로 깨어있어야 한다.
미운 마음이 들 때
한 번이라도 자비의 축원을 보내주며 자비의 마음을 양성하는 기회로 삼아야 한다.

자비축원

자비수행이 깊어지려면 건-평-행-성의 축원만 하는 것이 아니라 자비대상(나와 타인 모두)이 어떤 행동을 해도 그를 이해하고 용서하고 여전히 건-평-행-성의 축원을 하는 것이 필요하다. 사람은 시비를 가리는 것이 오랜 습(習)으로 몸과 마음에 달라붙어있다. 가까운 사람일지라도, 가장 가까운 존재인 나라고 해도 바르게 행동하지 않으면 마음을 닫아버리기도 한다. 사람들이 예의 바르고 자기 할 일 잘할 때 그들을 좋아하고 사랑하고 자비를 보내는 것은 특별한 일이 아니다. 그렇지 못할 때도 자비의 축원을 보내고 관대할 수 있을 때 자비로운 사람이라고 할 수 있다. 실수하고 잘못해도 비판하고 평가하지 않고 무조건적으로 이해하고 품어주고 자비를 보내는 것이 자비수행이다. 이럴 수 있는 나가 '자비-나'다.

사물, 일, 행위에 자비 보내기

자비는 생명이 아니 사물, 일, 행위에 대해서도 보낼 수 있다.
사물에 자비를 보내는 의미는
보이지 않는 기운의 연결에 대해서는 말하지 않더라도
우리의 일상적 상식으로 설명할 수 있다.

사물 자체에 어떤 기운의 감응이 없다고 해도
내가 사물을 대하는 마음이 사물을 사용하는 행위에 영향을
준다.
사물을 잘 사용할 수도 있고 잘못 사용할 수도 있다.
사물에 대해 고마워하는 마음, 자비의 마음, 사랑의 마음, 친
절의 마음이 있다면
사물을 사용함에 있어서 잘못 다루지 않게 된다.
잘못 다루어 고장 내거나 자신이 다치는 일이 없게 된디.

일, 행위를 대하는 마음에 긍정적 영향을 줌으로써
일, 행위를 바르게 잘 행하고 행복도 경험할 수 있다.

사물, 일, 행위에 대해서도 자비를 보낼 수 있다면 자비의 나를 양성할 수 있는 시간이 더 많아지는 장점도 있다.

마음챙김명상+자비수행

마음챙김명상을 마칠 때 자비명상으로 마친다.

자비의 센터인 가슴으로부터 자신의 몸과 마음을 밝고 따뜻한 자비의 에너지로 채운다.

자신이 있는 공간을 자비의 기운으로 채운다.

자신의 자비의 기운이 함께 있는 사람들의 자비센터에 닿으면서 더 큰 자비의 에너지를 형성하며 주변공간으로 퍼져나간다.

끝으로 자신이 특별히 보내고 싶은 사람에게 자비의 에너지를 전달한다.

자비수행: 자비공간 만들기

매일 틈틈이 자비의 마음을 양성한다.

남의 눈을 신경 쓰지 않아도 된다면 양손을 포개서 명치부위를 포함한 가슴 중앙에 얹고 한다.

참고로 명치 주변부위는 동양에서는 예로부터 중단전(中丹田)이라고 해서 감정의 센터로 여긴다.

이렇게 하면 가슴부위에서 따뜻함이 잘 느껴진다.

숙달되면 손을 얹지 않고 마음의 눈으로만 바라봐도 가슴부위에서 따뜻함을 느낄 수 있다.

자비문구는 '건강, 평화, 행복, 성장'을 기원하는 내용이면 좋다.

가만히 속으로 자비문구를 반복하며 밝고 따뜻한 자비의 빛 에너지가 가슴부위로부터 온몸 구석구석에 채워지는 것을 느껴본다.

필요하면 상생통렌수행과 연결해도 좋다.

눈매와 표정이 부드러워진다.

가슴부위를 중심으로 온몸에서 따뜻하고 환한 자비의 기운이 방사된다.

따뜻하고 환한 자비의 빛이 몸 밖으로 퍼져나가

내가 있는 주변공간(집, 사무실, 전철 등)과 그곳에 있는 사람들의

몸과 마음을 가득 채운다.

내 몸도 내 주변공간도 모두 내 마음 안에 있다.

내 마음을 자비의 기운으로 가득 채운다.

감사와 자비

감사가 자비수행을 도와준다!

사람, 사물, 일, 행위 등 모든 대상에 대해 감사할 때 자비도
진정성 있게 잘 보내진다.

호흡 감사자비수행

호흡을 바라본다.
호흡하는 나의 몸을 바라본다.
끊임없이 호흡하며 나를 살리는 몸에게 감사한다.
생명을 불어넣어주는 몸에게 건강과 행복의 자비를 보낸다.
늘 호흡하며 나의 생명을 유지시켜주는 몸에게 감사와 함께
건강과 행복을 빌어준다.

자기 감사자비수행

몸과 마음으로 이 세상을 경험하게 해주고 성장하게 해주는 몸과 마음에 감사하며 지구를 떠나는 그날까지 건강하고 평화롭고 행복하고 성장하기를 축원해준다.

타인 감사자비수행

지구에 함께 와서 같이 경험을 나누며 살아주는 인연들에게
감사의 마음을 보낸다.
그들에게 고마움과 함께 지구를 떠나는 그날까지 건강하고
평화롭고 행복하고 성장하기를 축원해준다.

자비수행, 통렌수행, 상생통렌수행

사람들이 모인 자리에서 사람들의 기분을 좋게 하기 위해 신선한 기운을 몸속으로 들이마시고 이어서 몸속의 탁한 기운을 몸 밖으로 내쉬라고 하는 경우가 있다.

실제로 이렇게 하면 몸의 독소가 빠져나가고 몸이 건강한 에너지로 채워지는 느낌을 갖게 되기도 한다.

그러나 생각해보라.

여러 사람들이 모여 모두 자신의 몸 속 탁기를 뿜어낸다면 그 공간이 어떻게 되겠는가.

더러운 탁기로 가득 찰 것 아닌가.

티벳에서는 위와는 반대 방식으로 심상을 하는 수행이 있다.

일명 통렌(tonglen)수행이라고 하는데 상대의 고통의 기운을 들이마시고 상대를 위해 밝고 건강한 기운을 내보내는 것이다.

통렌수행은 일반적인 자비명상에서 한 걸을 더 나아간 수행법이다.

자비명상에서는 심상을 통해 상대를 위해 밝고 건강한 기운을 보내는 것에만 초점이 있다면 통렌수행에서는 상대의 고통을 받아들이는 것이 포함된다.

통렌이라는 말 자체가 티벳어로 주고받음을 의미한다.

자비명상까지는 어렵지 않게 수행하는 사람들도 통렌수행에 이르면 머뭇거리게 되는 경우가 많다.

상대의 고통을 자신의 몸 안으로 받아들이는 것에 자신이 없는 것이다.

상대의 고통이 자기에게 들어와 자신이 고통스러워질까 꺼림칙하기도 하다.

통렌수행은 우선 아주 가까운 사이에서부터 연습하면 좋다.

예를 들면, 어머니라면 자녀의 고통의 기운을 자신의 몸 안으로 받아들이는데 주저하지 않을 것이다.

배우자 간에도 가능할 것이다.

자녀나 배우자를 위해 자비명상을 할 때 한 걸음 더 나아가 통렌수행을 하면 더 좋을 것이다.

여기서 통렌수행을 약간 변화시키면 일반적인 관계에서도 통렌수행을 수행해 볼 수 있다.

상대의 나쁜 기운을 받아들이기가 꺼림칙할 때 나 자신의 내면에도 나쁜 기운이 있음을 상기해 본다.

여기서 상대의 나쁜 기운과 나의 나쁜 기운을 충돌시켜 서로를 상쇄시키고 그 과정에서 밝고 따뜻한 기운의 빛이 발생하는 것을 상상한다.

예를 들면, 직장에서 껄끄러운 관계의 사람을 생각해보자.

그의 싫은 성격적 특성을 떠올린 다음 나 자신의 고치고 싶은 단점을 떠올린다.

이어서 상대의 싫은 특성을 들이마시며 내 몸 안으로 끌어들여 나의 단점과 충돌시킨다.

이때 내면에서 두 개의 단점이 서로 소멸하며 매우 밝고 따뜻한 기운의 빛으로 전환되는 심상을 그려본다.

이 밝고 따뜻한 기운의 빛이 나의 내면을 가득 채우고 밖으로 뿜어져 나가 상대의 마음으로 보내진다.

그는 더 이상 나를 불편하게 하는 사람이 아니라 나의 단점을 제거하는데 도움을 주는 사람이다!

자연스럽게 그를 위한 자비명상에 진정성이 실리게 된다.

이와 같은 통렌수행은 나와 상대 모두에게 유익하므로 상생통렌(win-win tonglen)수행이라고 이름지어봤다.

나의 단점을 제거하는데 도움이 되고 싫어하던 상대를 위해서도 자비의 빛을 보낼 수 있으니 서로에게 원윈(win-win)이다.

상생통렌수행을 통해 그와 나는 상극(相克)의 관계에서 서로의 단점이 소멸되도록 돕는 상생(相生)의 관계가 된다.

사춘기 자녀로 인해 하루에도 몇 번씩 자녀에게 미움의 마음
이 일어난다면,

그래서 자신도 모르게 누구보다 사랑하는 자녀에게 말로든
혹은 속마음으로든 미움을 보내고 있다면,

속히 멈추고 통렌수행 혹은 상생통렌수행을 해보기 바란다.

가능하면 상생통렌수행을 권한다.

상생통렌수행을 하게 되면 일방적으로 밖에 대해서만 비난
하는 마음을 내려놓고 자신이 지니고 있는 내면의 단점, 문제
점을 자각하게 되고 닦아내려는 노력도 하게 된다.

우리 모두 건강하기를!
우리 모두 평화롭기를!
우리 모두 행복하기를!
우리 모두 성장하기를!

자비수행: 해원(解冤)

멀리 있는 사람이 아니라 먼저 바로 가까이 있는 사람과 해원
(解冤)한다.

가까이에서 함께 오래 산 사람은 함께 나눈 행복도 많지만 그
에 못지않게 알게 모르게 내가 준 고통이 많을 것이다.

그 부분에 대해서 용서를 구하는 마음을 갖는다.

내가 먼저 용서를 구하는 해원의 마음을 냄으로써 상대에 대
해 좀 더 진정성 있는 자비의 마음을 낼 수 있다.

가장 가까운 존재인 나 자신에 대해서도 마찬가지다.

우리는 모두 같고-다르다(1)

우리는 각자 자기 안에 모든 것을 갖추고 있다.

한 사람, 한 사람 모두 동일한 동기, 인지, 정서, 감각의 능력들을 구비(具備)하고 있다.

며칠 전 TV의 '라디오스타'에 출연한 자이언티가 이런 얘기를 했다.

'강남 스타일'로 유명한 싸이가 그에게 공연이 끝난 후 무대가 모두 철거될 때까지 남아 있어보라고 했단다.

그때 느껴지는 정서.

언젠가 싸이가 공연이 끝나고 화려했던 무대가 해체되는 모습을 볼 때 어떤 정서를 느꼈을 것이다.

멋지고 화려함도 영원하지 않으며 끝이 있다는 것.

그때 느껴지는 정서는 성숙한 가수가 되는데 도움이 되는 것이리라.

그래서 싸이는 자신에게 가까운 후배가수인 자이언티에게 그러한 경험을 하도록 조언한 것이리라.

이렇게 화려함이 영원하지 않음을 체험적으로 느끼는 정서는 조건이 주어지면 누구라도 느낄 수 있다.

누구나 그런 정서를 느낄 수 있는 능력을 갖추고 있는 것이다.

그러면서도 우리는 다르다.

바라는 욕구들의 유형과 빈도가 다르다.

사용하는 인지들의 유형과 빈도가 다르다.

그에 따라 느끼는 정서들의 유형과 빈도가 다르다.

기본적으로는 우리는 모두 같다.

선택하는 욕구와 인지, 선택하는 환경에 따라 우리는 달라진다.

선택하는 욕구와 인지, 그리고 환경에 깨어 있는 것이 필요하다.

우리는 모두 같고-다르다(2)

마음은 사회다. 여러 나들이 모여 사는 사회다.

사람들이 보여주는 모습은 모두 나의 모습이다.

시간대만 다를 뿐이지 모두 내 안의 특정한 나를 보여주고 있다.

겉에 달고 있는 얼굴모습으로 사람들을 구획하고 구속하지 않는 것이 좋다.

평소에 '지금 나는?!' 이라는 말과 함께 지금 마음의 무대에 올라와 있는 내가 누구인지 알아차림 한다.

사람들과 갈등이 있을 때 나와 상대를 여러 나들의 사회를 볼 수 있어야 한다.

우리는 모두 같은 나들을 품고 살고 있다. 다만 그 나들의 상대적 크기만 다를 뿐이다.

더구나 그 크기는 변화할 수 있다.

일상

강의 후 제자들과 벚꽃나무 아래에서 일상

명상치료세미나 대학원 강의를 마치고 제자들과 함께 사진을 남겼다.
제자들과 사진을 찍는 일은 종종 있는 일이다.
그러나 이 사진을 보는 마음에 뭔가 특별함이 있다.

사진 속에는 옛 제자들도 있지만 1년 전만 해도 모르던 제자들도 있다.
그들도 이제 나의 제자가 되어 또 2년 정도 지나면 졸업을 하고 이곳을 떠날 것이다.
이곳 덕성의 아름다운 캠퍼스에서 나와 사진을 남기고 떠난 예전의 제자들처럼.

몇 년이 지나면 나도 이곳 벚나무 교정을 떠나게 될 것이다.
그때까지는 또 새로운 제자들과 인연을 지어나갈 것이다.
그리고 봄마다 벚꽃 필 때면 명상치료세미나 강의를 마치고 사진을 찍을 것이다.
함께 공부한 '마음챙김'을 마음에 각인하고 늘 잊지 않기로
다짐하듯이.

그린캠프 프로그램

이번 주 화요일 저녁에 있었던 한국건강심리학회 산하 마음챙김-긍정심리 연구회의 그린캠프 마음챙김명상 프로그램 발표는 여러 모로 뜻깊었다.

덕성여대 웰빙건강심리센터 소속의 두 연구원들의 발표도 훌륭했다. 정서단어 빙고게임과 자비문장 게임까지 실시하며 여유 있게 프로그램을 소개하는 모습이 프로다웠다. 센터 선배 연구원들로부터 이어지는 프로그램이라 내실 있고 진행자들의 내공이 많이 깊어진 것을 느낄 수 있었다.

프로그램 발표 후에 이어진 건강심리전문가와 상담심리전문가의 코멘트도 유익했다. 또한 청중석에서 10여년 전에 상담자로 그린캠프에 참여했던 분과 군대 고위간부의 말씀은 그린캠프 프로그램의 중요성을 다시 한 번 깨우치게 했다.

무엇보다 전생애에 걸친 국민의 행복과 성장을 위한 국가적 관심이 필요하다는 생각을 다시 한 번 하게 되었다. 고등학교

생활에서 부적응을 보이던 학생들이 졸업하면 불과 1,2년 사이에 군에 들어오게 된다. 이들은 군에서도 부적응을 보일 확률이 높다. 군에서 부적응을 보이면 그린캠프 등에서 심리적 지원을 받지만 일부는 다시 현역부적합심사를 통해 조기 제대를 하게 된다. 이런 식으로 군대를 떠나 그냥 다시 사회로 돌아오게 되면 사회 부적응자가 될 가능성이 높다.

도움을 주기 위해서라고 해도, 범인 검거하듯이 집단내의 부적응자를 색출해내는 것은 자칫 낙인효과를 가져오고 더욱더 부적응자로 만들어버릴 가능성도 있다. 군부적응자들에게 그린캠프를 통해 좋은 심리적 지원을 해준다고 해도 그들이 다시 부대로 복귀하게 되면 제대할 때까지 그린캠프를 다녀온 자라는 주홍글씨를 안고 살아야 된다.

예방적 중재를 중시하는 건강심리적 접근에서 볼 때도 국가적 차원에서 마음챙김명상과 긍정심리의 교육이 어린 시절부터 이루어지기를 소망해본다. 이렇게 되면 개인적으로나 사회적으로 심리사회적 문제를 예방할 뿐만 아니라 국민 모두의 행복과 성장이라는 웰빙을 증진시킬 수 있을 것이다.

어떤 '근자감'

지난 겨울방학 때의 일이다. 아내와 누워 이런 저런 대화를 나누다가 문득 보니 나 혼자 말을 하고 있었고 아내가 훌쩍이고 있음을 나중에 깨달았다. 요즘 들어 몸이 갱년기 증상을 보이며 늙어감에 대한 슬픔을 느끼고 있었던 것이다. 잠시 위로하고 집필 작업 마무리를 위해 서재로 돌아왔지만 그래도 마음이 안쓰러워 나도 모르게 이런 말이 입 밖으로 나왔다:

"다음에 태어나서 결혼하게 되면 당신하고 또 결혼해줄게!"

순간 이 무슨 '근자감'인가 라고 나 스스로도 놀라는 것과 거의 동시에 내 귀에는 아내의 커다란 웃음소리가 들렸다. 도둑이 제발 저리 듯 "(당신에게) 물어보지도 않고..." 라는 자기반성의 말과 함께 괜히 겸연쩍은 마음을 감추듯 아내를 따라 어색하게 그러나 크게 하하 웃었다.

즐겁게 몇 마디 더 나누고 아내는 한결 기분전환이 되었는지 거실 자신의 자리로 가서 다시 번역작업을 한다. 나도 모를 나의 근자감이 그래도 아내를 즐겁게 했다는 것이 스스로 뿌듯하다.

평범한 물고기들의 어떤 치열함(1)

이번 주 수요일에 장맛비가 잠시 그치고 해가 났다.

저녁 무렵 덕성여대에서 우이천 길을 따라 걷다보니 많은 비에 물이 범람했는지 수생식물들이 더러 뽑혀있다.

둑 안의 깊은 물에 살던 물고기들도 아래로 많이 쓸려 갔는지 둑 아래에 많은 물고기들이 떼를 이루어 자신들이 살던 곳으로 돌아가려는 듯 강한 몸짓을 하고 있었다.

처음 보는 놀라운 광경이었다.

물살은 매우 빨랐고 제자리를 유지하는 것만도 대단한 노력을 해야만 하는 상황이었다.

회귀하는 연어도 아니고 작고 평범한 물고기들이 자신들의 고향(?)으로 돌아가기 위해 강한 물살을 거스르며 더 이상 떠내려가지 않으려고 애쓰는 모습처럼 보여 안쓰럽기까지 했다.

(첫 번째 동영상: 가운데 삼각편대를 이루고 온몸으로 물살을 거스르려고 하는 물고기 떼를 볼 수 있다. 다소 먼 거리여

서 물고기 한 마리 한 마리가 잘 식별되지 않지만 이들의 집단적 움직임을 볼 수 있다. 동영상의 마지막에는 길가 쪽 비교적 물살이 약한 곳에 또 한 떼의 물고기들이 동일한 몸부림을 하고 있는 모습을 볼 수 있다. 여기서는 비교적 개별 물고기들의 모습이 확인 된다.)

우이천을 따라 조금 더 내려가자 물살은 느려졌고 잔잔한 물속에는 같은 종류로 보이는 물고기들이 있었다.
그들은 유유하게 헤엄치고 있었고 여유로워 보였다.

물살을 거슬러 올라가려는 물고기들의 모습에
'꽃들에게 희망을'에 나오는 애벌레들의 모습이 오버랩 된다.

애씀 vs. 놓아버림

그러나 모른다.
첫 번째 동영상의 물고기들은 빠른 물살을 힘차게 거스르며 즐기고 있는지도.
파도타기를 즐기는 사람들처럼.

https://blog.naver.com/peace_2011/220757423077

평범한 물고기들의 어떤 치열함(2)

물살을 거스르는 물고기 떼를 보고 처음 든 생각은 안쓰러움이었다.
과거에 살던 터전에 대한 생각을 내려놓고 힘 빼고 그냥 물살을 따라 내려가면 새로운 잔잔한 물에서 평화로울 수 있는데 괜하게 애쓰며 고생하는 것으로 보였다.

저렇게 계속해서 힘을 쓰다보면, 먹지도 않고 강의 상류로 회귀하는 힘든 과정 속에 알을 낳고 결국 죽어버리는 연어들처럼, 저 물고기들도 치열했을지는 모르지만 매우 짧은 그리고 고통스러운 삶으로 생을 마감할지 모른다.

그러다 문득 내 자신은 삶속에서 부질없이 애쓰는 것이 없는지 돌아보게 된다.
인간관계에서든 일에서든 무익한 어쩌면 해가 되는 애씀을 하고 있는지도 모른다.
나름 바른 것을 위한다고 하지만 어쩌면 서로에게 상처 주는 고집을 피우는지도 모른다.

중요한 일이라고 매달리고 있지만 어쩌면 누구에게도 유익하지 않은 어쩌면 고통을 주는 일을 하는지도 모른다.

마음챙김으로 잘 깨어있어야겠다는 다짐을 다시 한 번 하게 된다.

평범한 물고기들의 어떤 치열함(3)

물살을 거스르는 물고기 떼를 보고 두 번째로 든 생각은 트리나 폴러스(Trina Paulus)의 '꽃들에게 희망을'이라는 책과 관련된 것이었다.
수많은 물고기들이 빠른 물살을 거스르며 함께 꿈틀거리는 모습에 그 책에 나오는 애벌레들이 떠오른 것이다.

어디로 가는지 모른 채 그냥 다른 애벌레들이 가니 그냥 그 뒤를 따라 구름처럼 떼를 지어 가는 수많은 애벌레들.
서로 밀치며 기둥을 이루고 올라가보았지만 거기에는 아무 것도 없었다.
주인공 애벌레는 결국 다시 땅으로 내려와 나무에 오른다.
그곳에서 고치를 틀고 마치 명상하듯 모든 움직임을 멈춘 채 나무에 매달린다.
시간이 지나 애벌레는 아름다운 나비가 되어 날아오른다.

병원 수련 제자들을 생각하며

오늘 집 근처로 찾아온 졸업생들과 함께 점심과 차를 나누며 오랜만에 대화를 나눴다. 병원에서 치료의 기회가 주어지기도 하지만 검사와 보고서 쓰기의 부담이 커서 기본욕구인 잠마저도 많이 모자란 것 같아 안쓰러운 마음이 들었다. 그래도 내담자와 대면하며 문제의식을 가지고 치열하게 고민하는 모습을 엿볼 수 있어서 마음이 든든했다.

주어진 상황에 너무 쉽게 적응해버리는 것은 단기적으로 편할지 모르지만 장기적으로는 자신의 성장에 마이너스다. 내담자의 이해, 치료 등과 관련해서 늘 문제의식을 지니는 것이 힘든 일로 느껴질 수 있다. 그러나 바로 그것이 매일의 경험에서 더 많은 것을 배우게 해주고 다양한 심리치료의 이론들과 치료법들을 현장의 경험들과 하나로 꿰어 주며 심리학자로서의 유능성을 향상시켜 준다. 이 속에서 심리학자로서 성장하는 즐거움을 경험하게 된다.

명상에서 매순간의 호흡을 새로운 호흡으로 대하며 주의를 유지하듯이, 매일 만나는 내담자를 늘 새로운 마음으로 대하며 배우려는 마음을 놓치지 않는다면 고생 속에서도 감로수 같은 기쁨을 맛볼 수 있고 그것이 유능한 심리학자로 성장하게 해준다.

무슨 인연인지는 모르지만 많은 심리학자들 중에도 나를 만나, 검사든 상담이든 교육이든 내가 심리학자라는 이유 하나만으로 내 앞에서 자신의 내면을 보여주는 내담자에게 고마운 마음과 따뜻한 관심을 기울일 수 있어야 한다. 그것이 내담자의 이해와 치료를 촉진하고 나를 유능한 심리학자로 성장시켜준다.

하루에 주어지는 검사와 보고서의 양이 현실적으로 지나치게 부담이 되는 상황에서 이러한 마음을 내는 것이 쉬운 일은 아니다. 그러나 어차피 해내야 하는 일이라면 일을 대하는 마음을 잘 조절하여 성장의 행복이 함께 하기를 빌어본다.

봄과 나

아름다운 꽃과 신록의 잎
어디서 오는가
놀랍고 신비한 봄의 기운
어디서 오는가
놀랍고 신비한 알아차리는 나

감사한 아침

아침에 자연이 부르는 소리에 응하려 하는데
거실 화장실, 안방 화장실 모두 바쁘다.
거실 화장실에는 아들이 샤워하고 있고
안방 화장실에는 아내가 이를 닦고 있다.
세 식구 사는 집에 화장실이 둘인데도 화장실이 모자라다.
그래도 집안에 하루를 시작하는 밝은 기운, 활기찬 기운이 가
득한 것 같아 감사하다.

아들은 학교 갈 준비를 하고 있다.
최근에 자기가 원하는 제과제빵 공부를 시작했다.
감사하다.
독립된 사회인이 되기 위해 준비를 하는 아들이 대견하다.

대학강사인 아내도 학교 갈 준비를 하고 있다.
한동안 갱년기 증상으로 불편해하더니 이제는 적응이 되었
는지 다시 활달하다.
감사하다.

같은 전공을 공부하고 가르치니 대화거리가 많다.

아내가 급히 비워준 거실 화장실에서 자연의 부름에 응한다.
아, 감사하다.

제자들과 한강 걷기

어제 오후 오랜만에 제자들과 한강 걷기를 했다.
이번에는 1, 2학기 석사생들과만 약속을 잡아 모임이 단출해지니
걸으며 이런 저런 개인적인 얘기도 나눌 수 있어 더 가까워지는 느낌이다.

겨울임에도 어제는 포근한 날씨였고 걷기에 참 좋았다.
한없이 펼쳐진 하늘은 마음을 시원하게 해주었고
넓고 잔잔한 물과 그 위를 한가하게 노니는 물새들의 모습은
마음을 한층 여유롭게 해주었다.
마지막의 한강 야경은 고요한 아름다움 자체였다.

걷기는 저녁식사를 더욱 맛있게 해주었고 함께 나눈 대화를
통해 제자들의 연구의욕을 느낄 수 있어 흐뭇했다.

나이를 먹는다는 것은 한편으로는 슬픈 일이다.
머리카락수가 줄고 피부의 탄력이 줄고 기운도 준다.

그러나 다행히도 주어진 것에 대해 감사하는 마음은 늘어나는 것 같다.

따르는 제자들이 있고 이렇게 좋은 시간을 가질 수 있어 참 감사하다.

감사의 마음에서 오는 따뜻한 행복을 느낀다.

부처님의 노래: 하나님 vs. 하느님

(1)

하나님은 둘이 아닌(不二) 하나기 때문에 하나님이다.

다른 것들과 구분되는 독특한 개별적 존재로서의 하나라면 하나님이 아니다.

하나님은 모두이기 때문에 하나이고 하나님이다.

하나님은 모든 존재에 예외 없이 내재하기 때문에 하나님이다.

비록 하늘에 계신 아버지라고도 하고, 하늘에 계시기 때문에 하느님이라고 해도

그 하늘은 결코 우리들 머리 위의 하늘이 아니다.

그 하늘은 우리 모두의 내면에 존재하는 하늘이다.

예수께서는 하늘나라가 여기 있다, 저기 있다, 말하지 말라고 했다.

누구나 자신의 마음속에 하늘나라가 있다고 했다.

우리 마음속 하늘나라에 계신 분이 하느님이다.

하느님은 하나님이고

하나님은 하느님이다.

(2)

알고 보면

우리의 마음이 허공과도 같은 하늘이다.

삼라만상은 '매트릭스'와도 같은 우리의 마음에서 벌어지는
세계다.

일체유심조(一切唯心造), 유식무경(唯識無境), 심외무법(心外無法).

결국 불이(不二).

안과 밖은 둘이 아니다.

모든 것이 내 마음 안에 있으니 어떻게 안과 밖을 구분하겠는
가.

이 모두가 하나의 하나님 나라다.

이 모두가 허공과도 같은 하늘의 하느님 나라다.

(3)

에고로서의 우리는 하나의 마음에서 벌어지는 세계 속에서
웃고 운다.

우리 모두는 하나의 마음의 무대에 출연하는 등장인물.

우리 모두는 하나의 마음에서 살고 있는 형제다.

우리가 하나의 마음이 될 때 우리는 모두 나의 분신들이다.

분별을 쉴 때

에덴의 선악과를 따먹기 전으로 돌아가 하나의 마음이 된다.

우리 각자의 마음이 바로 허공과도 같은 하나의 마음임을 깨
달을 때
하나님(하느님)과 내가 둘이 아니게 된다.
하나님(하느님) 나라는 늘 임재하고 있다.
아무리 작은 돌멩이나 풀 한포기도 하나님(하느님) 나라를 떠
난 적이 없다.
우리는 이미 하나님(하느님) 나라와 함께 하고 있다.

(4)
아무리 돈오(頓悟)고
아무리 돈수(頓修)라고 해도
있는 그대로 여여(如如)하다고 해도
업(業)에서 벗어나기는 쉽지 않다.
다만
나와 하나님(하느님)이 둘이 아님을 잊지 않고
하나에서 나와 하나로 돌아가는 끝없는 여정 속에서
각자 마음의 무대에서 부여받은 역할을 통해
보살도(菩薩道)를 실천하며
하나님(하느님)의 영광을 드러낼 뿐이다.

꿈과 실재

세상이 꿈과 같다고 해서 존재하지 않는다는 것은 아니다.
세상이 나를 떠나서 객관적이고 독자적으로 존재하지 않는
다는 것이다.
내가 알고 있는 나조차도 여기서 벗어나지 못한다.
연기법의 의미가 심오하게 다가오게 된다.

빗

오후에 연구실에서 잠시 이동하는데 책장에 걸린 작은 거울
뒤로 빗이 눈에 들어온다.
예전에 쓰던 것인가 보다.
짧은 순간 슬픔이라는 정서가 스친다.
나도 한 때는 저 빗으로 빗을 머리카락이 있었구나.
나이가 들어 별스럽지 않은 일에 뜬금없는 감정을 느끼나.

평소에 빗을 머리카락이 없다고 슬픈 적은 없다.
그런데 지금 잠시 삶의 무상(無常)함이 애잔하게 느껴진 것 같다.
모든 것이 흘러가는구나.
이 지구에서의 삶도 유한하고 언젠가는 떠나겠구나.

고통스럽거나 괴로운 것은 아니다.
오히려 애잔함의 아름다움 같은 것이 느껴진다.
모든 것이 소중하게 느껴진다.
가을 햇살
낙엽

한 잔의 커피
내가 만나는 사람들
내가 하는 일들
......
모든 주어진 것이 소중하게 느껴진다.

유한하기 때문에 더 소중한 삶
사라질 수 있기 때문에 더 소중한 삶
더 아끼고
더 음미하고
더 존중하며 살다 가고 싶다.
어디선가 감사한 마음이 올라온다.

학교 교직원 식당의 행복

아주 바쁠 때가 아니면
가급적 연구실에서 식사를 배달해서 먹지는 않으려고 한다.
가능하면 교직원 식당을 이용한다.
식사를 하며 교수들과 대화를 나눌 수 있어 좋다.
교직원 식당에는 젊은 교수도 있지만 대체로 나처럼 나이가
많은 교수들이 온다.
아들 돌잔치에 오셨던 분들도 계시다.
대화를 나누며 유쾌한 기분도 느끼고
다른 삶의 영역도 접하며 현실을 보는 눈도 밝힌다.
때로는 문득 흰머리와 주름이 눈에 들어올 때가 있어
함께 나이 들어가는 동료교수들에게 애틋한 마음이 들 때가
있다.
나와 함께 같이 나이 들어간다는 사실에 따뜻한 동질감이 느
껴지는 것이다.

감사의 글

먼저 이 책은 덕성여자대학교 2016년 교내 연구비 지원에 의해 수행되었음을 밝히며 대학 당국에 감사의 마음을 전합니다.

생활하면서 명상, 마음챙김, 긍정심리 등에 관한 글을 틈틈이 블로그에 올렸는데 여러 분들이 관심을 가져주시고 격려를 해주었습니다. 이번에 책을 내며 감사의 말씀을 드립니다.

'구슬이 서 말이라도 꿰어야 보배'라는 말을 생각하며 이번에 그동안 써두었던 글들을 정리해서 한 권의 책으로 엮어보았습니다. 아직도 수행이 많이 모자라지만 나 자신부터 자주 돌아보며 스스로를 다잡는 기회로 삼으려고 합니다.

마음챙김명상과 긍정심리를 함께 공부하는 덕성여자대학교 대학원의 임상건강심리 연구실 제자들, 학부 제자들, 또 서울 심리지원 북부센터에서 함께 공부를 나눈 웍샵 참가자들께 감사드립니다. 내가 가르치는 것보다 더 많은 것을 가르쳐주는 분들입니다.

책이 멋지고 정갈하게 나오도록 디자인과 편집에 애써주신 이수정 선생님께 감사드립니다. 또한 기쁜 마음으로 책을 출판해주신 솔과학 출판사의 김재광 대표님께 감사를 드립니다.

끝으로 30년 넘게 늘 곁에서 거울처럼 나를 비춰주며 나의 마음챙김과 긍정심리의 훈련을 안내해주는 아내 김선주 박사에게 감사의 마음을 전합니다.